U0067934
華志文化

華志文化

THE MASTER KEY SYSTE

萬能鑰匙

世界最神奇的24堂課

矽谷禁書

讓你擁有不可思議的力量

新譯本

一部讓拿破崙．希爾受益匪淺的引導書
一部令比爾．蓋茲輟學創業的神祕之作

美：查爾斯．哈奈爾
Charles Hannel◎原著

曾獲亞馬遜網站心理暢銷書排行榜
適用於人類頭腦最權威的思想規律

生活拮据內心富有的人要比擁有財富而內心貧窮的人幸福得多。

本書發行沒多久，美國教會發現，讀後會造就太多富人的影響，便查禁本書，直到70年後才得以解禁。一本倡導科學真理，運用精神定律，培養想像力、啟發生命潛能，賦予抉擇的智慧，使人的精力充沛、打造優質能量，教你享受高品質的生活書

序言　開啓人生的萬能鑰匙

「人生而平等」，這是為大多數人所倡導的一句話，也是為大多數人所信仰的一種觀念。然而人並不是平等的，雖然都是由父母帶到這個世界上，雖然身體構造是相同的，但是人的思想、人的意志卻有很大的差別。雖然這種差別從外表看不出來，但是正是這種差別，才有了成功與失敗、富有與貧窮、非凡與平庸。

失敗的人總是抱怨自己的運氣不濟，總是為自己的失敗找藉口，說如果幸運之神站在自己這邊就會取得成功。同樣，窮困潦倒的人也常常感歎命運不濟，總認為有錢人是天生的富貴命，幻想自己如果也是富貴命，一定會比富翁更富有。其實非凡與平庸的主要差別不在於是否擁有強健的體魄，而在於人的思想與精神，在於人的心智。否則，那些偉人也一定是體格最健壯的人了。

在漫漫的人生旅途上，正是心智，使我們能超越環境、戰勝困難。如果我們深刻理解了思想的創造力，就可以看出它的功效是非常驚人的。

世界上的萬事萬物並不是雜亂無章的，而是遵循著一定的規律。如同物質世界中的規律一樣，人的精神世界也存在著規律。各種規律一直在控制著我們的道德世界和精神世界。

請時刻謹記，我們的思想才是能力和力量的泉源，因為依靠外在的幫助才使我們變得軟弱，只要你願意，你就可以成為幫助別人的強者而不是被幫助的弱者。要迅速調整自己，昂首挺胸，以積極的心態，毫不猶豫地投入到自己的想法之中，去創造奇蹟。只有瞭解並遵循這些規律，才能夠獲得理想的結果；也只有恪守規律，才會得到準確的結果，毫釐不爽。

反之，如果你否認並拒絕接受這一規律給人類帶來的益處，如果你不能掌握這一最新的偉大科學成果並透徹地研究和利用這一奇妙的經驗，很快你就會發現，所有的人都跑在你的前面，你被遠遠地拋在後面。財富的獲得，正是依賴於對「富裕規律」的認知。也正是如此，只有那些認識、遵循「富裕規律」的人，才能享受它所帶來的好處。

「栽什麼樹，結什麼果」，這一自然界的規律也同樣適用於人的頭腦。如同毫不費力地創造出積極的條件助你成功一樣，在你有意無意地想像各種匱乏、局限和混亂的同時，你的頭腦也可以同樣輕而易舉地創造出消極的條件來把你推進失敗的深淵。

千萬不要過分自信地認為自己十分小心謹慎並有足夠的智謀，絕對不會犯這種錯誤。下意識地創造不利的條件而阻礙自己邁向成功，這也是一種規律，像任何別的規律一樣，它永不停息地運行，不講情面地嚴格按照各人所創造的回報他們，這一規律絕不會因人而異。

當今社會，科學的精神應用於各個領域，因果關係不再為人們所忽視。人們已懂得

「事凡有果，勢必有因」的道理，所以，人們如果想要實現自己的志向抱負，就得為這一願望創造出它所必需的特定條件。

規律不是顯現的，而是隱藏於種種表象和假象之下，只有將大量個別的事例進行對比，直到找出其中的共通之處，才能夠發現規律，我們把這種方法稱之為歸納推理。規律的發現消弭了人類生活中變幻莫測的因素，代之以原則、推理和確定性。

歸納推理是最科學的方法，文明諸邦，繁榮昌盛、學術興隆，拓寬視界，加速行動，消滅距離，促進交流，上翔太空、下探深海種種結果的產生，都緣自歸納推理的思維方式，而我們所要做的僅僅是將結果進行分類。

《萬能鑰匙：世界最神奇的24堂課》體系將以絕對的科學真理，系統地闡述如何正確運用精神屬性中積極和行動的因素，以及如何培養並正確運用想像力、欲望、感情和感官直覺，啟發個體生命的潛能，使人精力充沛、世事洞明、活力迸發、不屈不撓，對人的效率和才能大有裨益。我最迫切想做的事就是教你識別機遇，加強你的推理能力，堅定你的意志，賦予你抉擇的智慧、理性的同情，擁有主動進取、堅韌不拔的精神，並且教你如何盡情地享受高品質的生活。

我不是江湖術士，既不會催眠術，也不會魔法。本書出版的目的也不是運用任何讓人迷醉一時的騙術去蒙蔽善良人的雙眼，誤導人們。它只是單純地想教給你們使用精神能量，不是替代品或曲解的產物，而是真正的精神能量。因為我堅信「一分耕耘，一分收穫」，並且願意和讀者一起鑽研和實踐這一真理。

精神能量是極具創造力的，它使你有能力為自己而創造，而不是從別人的身上巧取豪奪。正像大自然讓原先只有一片草葉的地方生長出一片森林一樣，精神力量之於人類，也是如此。我相信，如果你能夠竭盡全力開發出精神能量的巨大潛能，那麼它絕不會辜負你，它會讓其他人心甘情願地聽命於你，因為它可以讓其他人本能地認為你就是一個充滿力量、充滿個性的人。

擁有精神能量意味著你能夠感悟自然的基本法則，與偉大的自然融為一體；意味著你擁有取之不盡、用之不竭的力量資源；意味著你瞭解吸引力的奧妙所在，瞭解成長的自然規律，以及在社交圈和商業圈中賴以生存的心理學法則。此外，擁有精神能量還意味著你像一塊巨大的磁石，以自己的魅力吸引著身邊的人和事，在其他人眼中你就是幸運之神的寵兒，你將擁有讓夢想變成現實的金手指，成為世人羨慕的對象。

加深人們對生命的感悟，掌控自我，常保健康；增強人的記憶力，提高人的觀察力；在任何情境下對機遇和困難都洞若觀火，使人有能力把握住近在咫尺的大好時機。這能夠改變成千上萬男女老少的生活；它以明確的原則，取代了那些飄忽不定、模糊不清的方法，而每一種效率體系都奠基在這些原則之上。這些都是很罕見難得的能力，同時也是每一位成功的商業人士所必備的特質，這些就是我長篇大論的宗旨和精髓所在。

洞察力能使人撥開迷霧，洞悉本質，它摧毀猜疑、消沉、恐懼、憂鬱等各種軟弱，打破局限，消解匱乏；它喚醒沉睡的才能，它給你膽識與活力，令你積極進取、精神百倍；它喚醒你對藝術、文學、科學之美的感受能力。在現實生活中，經常有多到難以計數的人為了永遠沒有實現可能的事情而殫精竭慮，最終換來一頭白髮兩手空空，卻把近在眼前的機遇拒之千里之外，與成功擦肩而過卻渾然不覺。本書所講述的體系旨在開發人的觀察力，增強人的獨立性，令你具有遠見卓識，有助於提高能力，改進性情。

「在多數大型企業中，顧問、專家、培訓師等成功有效的運作管理誠然不可或缺，但我堅信，對正確原則的重視和採納更是重要關鍵。」這是美國鋼鐵集團董事長埃爾伯特·加里的一句至理名言，也是他取得成功的不二法門。

本書的目的不僅僅在於教給人正確的原則，它更願意提出實踐這些原則的方式、方法與讀者分享，教讀者懂得：有相當一部分人終日忙於苦讀書、聽講座，然而終其一生，都沒有取得任何能夠證明這些理論的實際進展。這是因為所有的原則在書本上時都是毫無用處的，只有將它應用於現實生活，才能展現它的價值和魅力。只有憑藉本書所講述的體系所提出的方法，佐證它所講授的原則，身體力行地在日常生活中付諸實踐，才是最聰明的作法。

走進生物的國度，你會發現一切都處於流體狀態，永遠在變化，永遠被創造、再創造。在礦物世界中，看起來一切都是固體的、不易轉變的，其實不然，它們也無時無刻不在進行著細微的變化。每一個領域，總是在變得越來越美好，從有形演變為無形，從粗糙演變為精緻，從低潛能演變為高潛能。當我們抵達無形世界的時候，就會發現，能量處於最純粹、最活躍的狀態，它隨時準備被激發。

無論是黑人還是白人，無論是窮人還是富人，無論是基督教徒還是天主教徒，無論是最上層、最有教養的人群還是最底層的勞工階級，正在進行的這場人類歷史上空前的革命，正在改變所有人的觀念。然而有的人對此明察秋毫，有的人卻對此麻木不仁。

長期被傳統的桎梏羈絆的人們已經掙脫了所有的束縛，代表新文明的視野、信念與服務在不知不覺中取代了舊的習俗、教條、殘暴等一切陳腐的、不適應時代發展的東西。如今，科學發現浩瀚如海，揭示出無盡的資源、無數種可能，展現出那麼多不為人知的力量。科學家們越來越難於肯定某種理論，稱之為定律、不容置疑；同樣，也極難徹底否定某些理論，稱之為荒誕不羈、絕無可能。

二十世紀是一個無比光輝的世紀，它見證了人類歷史上最輝煌的物質進步，二十一世紀必將再創奇蹟，將給精神力量和心靈力量帶來更偉大的進步。一種來自我們內心的全新的力量和意識，正以難以置信的意志和決心喚醒處於沉睡中的世界，也讓我們對自己的內心重新審視。

從分子到原子，從原子到量子，世界上所有的有形實體已經被人們細化到了極致，它的內部構造人們已經看得非常明白透徹。所以接下來我們要做的事情就是細分精神，找到精神的量子。「能量，就其終極本質而言，只有當它表現為我們所說的『精神』或

『意志』的直接運轉時，方可被我們所理解。」安布羅斯．佛萊明爵士如是說。

大自然中最強大的力量是什麼呢？大自然中最強大的力量是無形的力量。同樣的道理，人類最強大的力量是精神力量，它雖然無形，但卻不容小覷。思考是精神過程的唯一活動方式，而觀念，則是思考活動的唯一產物。精神力量得以顯示的唯一途徑是思考過程。

所以，世事的風雲變遷，只不過是精神事務而已。推理，是精神的過程；觀念，則是精神的孕育；問題，其實是精神的探照燈和邏輯學；而論辯與哲學，就是精神的組織機體。

針對某一特定的主題做出定量的思考，就能使人的身體組織發生徹底的改變。因為想法，必定會招致生命機體某種組織的物質反應，如大腦、神經、肌肉等。這就會引發機體組織結構中客觀的物質改變。

勇氣、力量、靈感、和諧，這些想法取代了原先的失敗、絕望、匱乏、限制與嘈雜的聲音，慢慢在心中生根，身體組織也隨之而發生改變，個體的生命將被新的亮光所照耀，舊事已經消亡，萬物煥然一新，你因此獲得了新生。這就是失敗演變為成功的過程。這是一次精神的重生，生命因而有了新的意義，生命得以重塑，充滿了歡樂、信心、希望與活力。經過這樣簡單地發揮思想的作用，你不僅改變了自身，同時也改變了你的環境、際遇和外在條件。

雖然此前你是在黑暗中探索，但是現在你將看到成功的機遇，你將發現新的可能，而此前這些可能對你毫無意義。你的身上充滿了成功的想法，並影響到你周圍的人，他們反過來又會幫助你前進與攀升。你將吸引到新的、成功的合作夥伴，而這反過來又會改變你的外在環境。

如果把歷史倒退一百年，那時的人是如此的脆弱與無力，哪怕只有一挺現代的機關槍，就可以毫不費力地殲滅整整一支用當時的武器裝備起來的大軍，或者更多。因此，如果你希望獲得難以想像的優勢，從而勇冠群倫，傲視蒼生，那麼就請你相信，也請你提前準備好，因為美妙神奇、令人癡醉、廣闊無邊以至於幾乎令你目眩神迷的嶄新的一天，嶄新的世界即將到來。

Charles · Haanel 查爾斯·哈奈爾

拿破崙・希爾給作者哈奈爾的感謝信

親愛的哈奈爾先生：

也許您還記得我，《金規則》的編輯拿破崙・希爾。

首先，請允許我向您報告一個好消息，我剛剛被一家公司所雇用，每個月只需要工作幾天，年薪十多萬美元。他們看中的是我的思想以及我的思想對他們公司的影響。

想必您已經知道，正如一月號《金規則》（我的祕書給您寄了一份）的社論中所說，在我二十二歲的時候，還只是每天賺一美元的煤礦工人。

之所以向您報告，是因為我目前取得的成功，以及我在擔任拿破崙・希爾學會會長之後的所有成就，完全歸功於「萬能鑰匙：世界最神奇的24堂課」體系所制訂的那些原則。

正如書中所寫的，一個人能夠在想像中創造的事情，沒有什麼是不能實現的。我們所需要的，只是把蘊含在我們自身的所有潛在力量激發出來。

非常感謝您讓我及時看到這本書，也感謝您現在正在讓更多的人去認識到這本書中的精華。我將竭力把這些課程推薦給我所能接觸到的人群中，讓他們與我共同分享這本書帶給我們的成果。

您忠誠的拿破崙·希爾《金規則》編輯

一九一九年四月二十一日，伊利諾斯，芝加哥

《萬能鑰匙：世界最神奇的24堂課》何以被禁？

這部能夠改變人生命運的書自一九一二年創作出版後在美國銷售了二十萬冊，然而於一九三三年突然消失了，為什麼呢？因為……

本書初版發行之際，那些成功的商人們不想讓它在市場上公開發行。他們不想讓人們把這部書當作能夠克服局限性的真理。他們成功了，因為這部書被隱藏了數十年而未公開發行。

本書是矽谷最神奇的成功祕訣。大多數矽谷創業者讀過本書全部或部分篇章，他們的企業都取得了成功。並且藉由對這本令人震驚的書的學習和實踐，使自己成為了百萬富翁或億萬富翁。

因為本書被禁多年，於是，本書的手抄本便成了矽谷炙手可熱的暢銷書……許多知名人士，大部分是因為他們運用了查爾斯在書中教授的知識累積起那些鉅額財富。

在一段時期內，該書的部分版本被用於各種不同的計劃和活動，每一本手抄版本要花費一千五百美元到二千五百美元之間……它們被那些有時間以及商業才能的人所擁有，因為只有他們能支付得起……

幸運的是，今天任何一位期待得到相同結果的人都可以得到屬於他們自己的一本

《萬能鑰匙：世界最神奇的24堂課》。

哈奈爾為我們建造了一個完整的個人潛能開發體系，傳授給我們為成功而奠定基礎的終極原則和基本理念。在這個體系中，哈奈爾闡述了自己獲得成功的方法和經驗的總結，並做了精確深刻的詮釋，條分縷析、鞭辟入裡、縝密透徹。這些方法和經驗凝聚著他的心血和智慧，融會了他的思想和實踐。

哈奈爾把這些他自己所領悟到並付諸實踐的經驗，凝練成一條條切實可行的經典法則，這些法則適用於我們生活和工作的各個層面。美國的亨利・福特說過：「任何人只要做一點有用的事，總會有一點報酬。這種報酬就是經驗，這是世界上最有價值的東西。」如果你想擁有這種最有價值的東西，那就看看這本書吧，它既有指導我們走向成功的方法，又有應對複雜變化的技巧；它告訴我們如何瞭解生命的真諦，如何抓住時代賦予我們的機遇。

一旦你得到了這本書，會立刻意識到利用《萬能鑰匙：世界最神奇的24堂課》之體系所取得的成果將是絕對令人震驚的。

當你把作者查爾斯・哈奈爾在《萬能鑰匙：世界最神奇的24堂課》一書中所講述的道理用於實踐時，你會發現現實生活發生了很大的變化。在很多方面，哈奈爾都是時代的領先者。我們幾乎都囿於傳統，認為我們是處在其他人或外部環境的控制下。外部因素決定我們將會取得什麼樣的成就。然而，那是不正確的。哈奈爾會告訴你如何重新獲得對自己人生的控制權。

查爾斯．哈奈爾把自己取得成功和財富的觀念和方法寫入了書中。每一天都會有人發現哈奈爾成功的祕密，從而繼續努力，成為億萬富翁。

警告：對於某些人而言，這種巨大的成功有時是毀滅性的。你一定聽說過這樣的故事：那些買彩券中獎的人正是被數以百萬的美元所毀滅！如果你在精神上還沒有做好準備或者你認為自己還不具備處理你生命中將會發生的重大而且積極變化的能力時，請先不要去考慮閱讀《萬能鑰匙：世界最神奇的24堂課》，它會帶給你權力、財富、健康和幸福。《萬能鑰匙：世界最神奇的24堂課》並不適合所有人。

《萬能鑰匙：世界最神奇的24堂課》適合每週閱讀一課，每課之後都設有一週內的實踐練習。每一課都在邏輯基礎上循序漸進，簡單、自然、快速地把資訊內在消化。

這種漸進的過程，為我們把自然規律應用到實際人生中提供了一種明朗、簡單而有效的方法。最後你會真正理解如何運用自己的能力來永久地改變和完成自己的夢想。那不正是你想要的嗎？

哈奈爾最初把本書寫成了二十四個章節，是因為商業協會的團體要求。哈奈爾把他自己在商業上取得成功的訣竅告訴其他人；當他們發現這對他們自身是多麼適用時，商業協會的人命令哈奈爾不要讓普羅大眾觸及本書。這樣的結果是：哈奈爾在幾年的時間內僅僅把他的方法教授給了少數的富人們。最後，他決定把這個簡明的生存原則傳達給那些想要取得巨大成功的所有人。

但是，本書發行沒多久，美國教會就發現了它所發生的情況，便立刻查禁了這本書，直到近年才得以解禁。

據說，比爾．蓋茲在哈佛大學讀書的時候讀到了哈奈爾的《萬能鑰匙：世界最神奇的24堂課》從而思維受到啟發，輟學創業，白手起家，結果創造了軟體帝國的神話、財富的奇蹟。近些年來，從矽谷起家的百萬富翁和億萬富翁，幾乎每個人都看過哈奈爾的《萬能鑰匙：世界最神奇的24堂課》，奇蹟也在矽谷不斷上演。現在越來越多的人都開始關注和研習這本書，而奇蹟還將繼續發生。

我已經讀完了《萬能鑰匙：世界最神奇的24堂課》，並且我已經明白了為什麼富人們不想讓這本書流入普通人的手中。

需要指出的是：囿於當時的條件，作者的認知不免帶有時代的烙印，有些觀點我們並不苟同，還望讀者諸君明察。

最後向各位聰明的讀者致敬，手上握有本書，它將會改變你一生的變化。

推薦序　神奇的力量

浩瀚的歷史長河中，萬物如風般流逝。不管我們多麼渴望，時間永遠不會為某個人駐留。每個有思想的人，都不願意自己在世上庸庸碌碌，無所作為，而是希望能在短暫的人生中盡其所能不斷發展、提升和完善自己，即使到生命的終點，這種追求亦無止境。這種提高和完善的能力，是在思考問題、處理問題的過程中獲得的；是透過改變自己的思考方式，進而改變自己的行動以及現狀而實現的。而改變的關鍵就在於如何激發自己的創造性，如何進行創造性的改變。而創造性正是世間萬物發展的動力所在。

在漫長的萬物發展史中，人類不斷地思考和求索。人類思考的產物可謂豐碩，包羅萬象。而在這些成果中，有一種終極法則，它不是敘述事物表面的資訊，而是深入事物內部的規律，是激發人類的潛能從而發展、完善人類自身的真理，那就是《萬能鑰匙：世界最神奇的24堂課》精神體系。

《萬能鑰匙：世界最神奇的24堂課》精神體系的生命力，就在於它能夠開啟人類的智慧之門，從深層面指導我們打破陳規，更新我們的思考方式，達到激發我們的創造性的目的。有了這種創造力，我們發展的源頭就不會枯竭。

人類的發展都是始於每一次的嘗試，不論是成功的嘗試還是失敗的嘗試，都是在自身思想的指引下。因此，思想的力量仍是世界中最被尊重的力量。人類只要能夠充分地運用這種力量，就能夠在曲折中不斷前進，不斷完善自我，不斷改善我們的世界。《萬能鑰匙：世界最神奇的24堂課》就是教給我們如何掌握這種力量，如何恰當地運用這種力量，如何建設性地、創造性地使用這種力量。這也是這本書最有價值的地方。

《萬能鑰匙：世界最神奇的24堂課》所講授的內容分為二十四個部分，也就是二十四堂課，建議讀者每週學習一課，二十四週學完。書中的每一條內容都充滿了睿智，每一課都值得我們花一週或者更多的時間去細細體會。我們應該認真仔細地去研習，而不要像對待一般書籍一樣只是泛泛瀏覽。這樣你才會有更多的體會和收穫。

只要你認真去閱讀、實踐這本《萬能鑰匙：世界最神奇的24堂課》，它會讓你的人格更偉大、更優秀，讓你擁有不可思議的力量，去改變你的現狀，拓寬你的視野，豐富你的內涵，實現你的理想，書寫你人生燦爛的篇章。

F·*H*·伯吉斯

目錄
contents

目錄 萬能鑰匙：世界最神奇的24堂課

目錄
contents

第一課：內在的世界，巨大的力量

讓我們開始第一堂課的學習吧。經過這堂課，相信你的生命會更加充滿力量，你的生活方式會更健康，你會體驗到更多的幸福。值得注意的是，這種力量並非是你要去獲得的，而是你自身已經擁有的，只是你可能還不瞭解它，不會運用它。

我們的課堂就是讓你去認知這種能量，掌控這種能量，把這種能量和你的生命合而為一，成為你生命力中的一部分，這樣，你就能夠征服所有的困難。

人類的強大就在於這種潛意識中的精神能量。只要你想去提高自己，就一定可以做到這種改變。人生都是由昨天、今天、明天組成。從昨天一步步走來，在今天用行動點燃希望，實現明天的夢想。最重要的是今天，對昨天的體會和感悟也不能忽略，它們是今天做出選擇的前提。

那麼，去認真領悟你的人生吧，世界是多彩的，生命是美麗的。而這種繽紛，是呈現給有準備去接受而不是茫茫然匆匆走過的人們的。

慢慢領悟這個世界，也會使你獲得更多的感受和自信，會使你生命的意義更為深刻，更為豐富。每一天都既是明天，也是今天，更會變成昨天。好好把握和感受生命中的今天，就會迎接燦爛輝煌的明天。好了，開始第一堂課。

1很多的實踐都證明，準備得越充分，離成功就越接近；準備得越不足，離成功就越遠。要知道，靈感是從累積中得來，而非偶然。

2人類的思維是世界上最為活躍的能量，具有創造性。每個人的客觀環境和一切生活際遇，都是主觀思維在客觀世界中的反映。

3我們的每一次選擇都不是偶然的，而是取決於我們以往的思考模式。我們只能做出我們思想範圍以內的選擇，很少會有超越思想範圍以外的行為。

4我們的思想主導著我們的行動。從某種程度上說，每個人的思想以及思考方式決定每個人的現狀和未來。

5我們總是忽略自己潛在的能量。要想重新認識自己，就要首先意識到這種力量的存在。而要想意識到這種力量的存在，我們必須懂得，一切力量源於自己的內心世界。

6內在的世界不可觸摸，但的確存在，而且它的強大遠遠超過你的想像。這是一個由思想、感覺、力量等要素構成的動能世界。

7思想統治著內在的世界。當我們能夠意識到自己的內在世界的時候，就可以解決使我們困惑的所有問題，也可以解釋所有問題的動因。我們一旦掌握了這個內在世界，一切力量、成就與財富的規律亦在我們的掌控之中了。

8內在世界擁有驚人的潛能，其中蘊含著無盡的力量、無盡的智慧、無盡的供給，可以滿足現實的一切需求。我們一旦認識到內在世界的潛能，並加以運用和釋放這種潛能，結果就會如實反映在外在的世界。

9 內在世界的和諧，反映到外在世界，就會表現出良好的人際關係、舒適的生存環境、處理問題的效率和最佳的精神狀態。這是所有偉大、健康、力量、勝利和成就的前提和必要條件。

10 內在世界的和諧，也表現為我們能夠控制我們的思想，在外來困擾面前更加積極主動地面對而不是消極對待。

11 內在世界的和諧，使我們變得樂觀而又不斷進取，在這種良好的精神狀態下也會帶來外在世界的滿足。

12 外在世界也同樣能反映出內在世界的變化和發展。

13 如果意識到內在世界中所蘊含的智慧，就會幫助我們開啟和釋放內在世界中的潛能，並獲得把這種能量如實映射在外在世界的能力。

14 我們一旦意識到內在世界所蘊含的智慧，並能夠運用它，我們就會在思想中也擁有這種智慧，透過控制我們的行為而擁有實際的智慧和力量，從而為我們自身和諧的發展所需要的各種條件奠定基礎。

15 每一個渴望有所進步的人，無論老少，都會在內心世界產生希望、熱情、自信、堅強、勇氣、友好和信仰，並以這些品質完善自己的精神世界，從而使自己獲得非凡的能力，讓夢想成真。

16生命不是一個簡單的從無到有再到無的過程，而是一個逐步深入、昇華的多層次的過程。所有在外在世界所獲得的東西，都是我們在內心世界已然擁有的東西。

17所有的成就和財富，都是建立在認知的基礎上。所有的收穫都是認知不斷累積的結果，而認知的中斷或意識的分散會使你事倍功半。

18內在世界發揮作用是與和諧息息相關的。不和諧的內在世界也會導致混亂的外在世界。因此，要想有所成就，就要與自然法則和諧共處。

19我們憑藉思想與外在世界相連。大腦是思想和意識的器官，大腦—脊椎神經系統是身體的中樞，把身體的各個器官和組織聯繫起來，使我們對光、熱、嗅覺、聲音和味道等各種感覺做出反應。

20當我們透過思考瞭解事物的本質和事物發展的規律，而大腦—脊椎神經系統把這些正確的資訊傳遞到身體各部位，各種感覺將和諧的統一，這種感知是舒適而愉快的。

21我們就是憑藉思想和意識，將希望、勇氣、信心、熱情、活力等能量注入我們的身體。當然，思想也會給我們帶來疾病、悲傷、倦怠、失望、匱乏等各種局限的東西，這是由錯誤的思考方式帶來的，會對我們的世界帶來破壞性的影響，使其變得不和諧。

22我們透過潛意識建立與內在世界的連結。太陽神經叢是這種潛意識的器官，交感神經系統操控著各種主觀感覺，如愉快、恐懼、依戀、喜好、渴望、想像等各種潛意識現象。正是這種潛意識成為我們和內在世界的橋樑，使我們能夠逐步掌控內在世界的能量成為助力。

23我們與內、外世界的聯繫，就取決於這兩大神經系統的協調以及各自功能的運用。認知到這一點，有利於我們把客觀和主觀協調一致，從而使自己和諧地發展；認知了這一點，就不會對各種外界的變化茫然不知所措，並知道未來的成功根本取決於我們自己。

24我們都有這樣的體會，總是存在普遍的法則遍及整個世界，在任何場合、任何角落都適用，它是豐富的，強大的，充滿智慧的，永不過時。所有正確的理念和思想都被它所涵蓋。

25普遍適用的理念能夠指導實踐。在這種理念下有助於我們把想像轉變成現實。每個人對這種理念的認識都不盡相同，但它發揮的作用是一樣的。不同的認識只是它的不同表現方式。

26能夠普遍適用的意識和理念本質是相同的，所以，所有的理念歸根結柢就是一條理念。我們要認真體會和領悟事物的規律才會找到這條理念。

27從宏觀角度上來說，每個人大腦中聚集的意念與他人相比沒有什麼不同，只是作為個體化有細枝末節的差別。

28能夠普遍適用的理念是一種潛在的能量，它只能透過個體的人所彰顯，而個體化意識的集合，就形成了普遍適用的理念。它們是集體和個體的關係。

29每個人的思維特點和思考能力的不同是每個人作為個體之間不同的主要區別。這也是人內在意念的外化手段。意念本身是一種靜態能量的微妙形式，而具體的想法則是由這種能量所產生。想法是意識的動態階段，意識是想法的靜態階段，兩者是同一事物的不同階段的表現。人類的思維過程正是從靜態的意識到動態的想法再到現實中產生作用的。

30世間萬物的內在屬性都包含在普遍適用的規則中，這些規則無所不能，無所不知，無所不在。萬物的內在屬性也包括人自身的屬性。當一個人進行思考的時候，他自身的屬性決定了他的思維動態，並且這種屬性透過人的行為反映在外在的客觀環境中，與人自身的屬性相互呼應。

31正如前面所說，自身行為產生的後果歸根結柢都是思考的產物，因此，你要想規劃好自己的行為結果就要控制自己的思想，這是根本所在。

32內在世界是一切力量的泉源所在，而且你是有能力掌控它的。掌控的前提是準確的認知，以及而後對這種認知的實踐。

33你一旦領會了這條法則，並懂得對自己的意識加以控制，那你就可以隨心所欲地運用這條法則。也就是說，你也能夠真正對那些普遍適用的法則融會貫通，並運用到自己的行動中。這條法則是世間萬物發展的基礎。

34普遍適用的法則也同樣是客觀存在的每一粒原子的生命法則，每一粒原子的內在屬性和這個法則也同樣契合。每一粒原子都無時無刻不在遵守著這個法則。它們的生機也就在於此。

35 並非所有人都能意識到自己的內在世界，內在世界是如此豐富而有創造力。

36 作為一種全新的理念，大多數人並沒有認識到這一點，他們只是試圖從外在世界本身尋找解決問題的答案。這樣做是徒勞無功的，或者說只是解決了表面的問題。真正的答案要到內在世界中去尋找，這樣才能從根本上解決，從而達到和諧的狀態。

37 內在世界和外在世界是相輔相成、共同存在的。內在世界是源，外在世界是流。我們在外在世界所表現的能力，取決於我們對這種能量泉源的認知。每一個個體都是這種無限能量的出口，而每個人對於其他人而言也是如此。

38 認知是一種精神體驗過程，這種過程就是個體和普遍適用的法則相互作用的展現。這種精神體驗過程的作用和反作用力也是一種因果關係的法則，這種法則並非建立在個體之上，而是建立在人類共同的理念基礎之上。它不僅表現為一種感受，更像是一個主觀的進程，其結果就反映在我們的外在世界中，和我們的內在世界相互呼應。

39 我們擁有廣袤的、豐富的精神實體的世界，就像一個深不可測的海洋。這個海洋孕育著勃勃的生機，它可以滿足不同的精神需求。它藉著我們不同的個體的思想得以表達和外化。

40 對這種理念的運用才是展現其價值所在。當你對這些理念和法則真正領悟並自如運用的時候，生活中無論是物質層面還是精神層面，都會發生變化：富足會取代貧困，睿智取代迷茫，和諧取代混亂，光明取代黑暗。

心靈訓練 lesson ①

現在就讓我們把它付諸實踐吧。先找一個安靜不受打擾的地方，放鬆但不要放任你的身體，逐漸對你的身體完全控制。讓思緒自由地在內在世界中徜徉，每次持續一刻鐘或半小時，連續做三、四天或一個禮拜，直到你有所感悟，有所收穫，達到美好的境界。

有的人不會很快進入狀態，但也有人輕而易舉就能做到。不要著急，只要每次都有進步即可。還有，控制自己的身體這是前提，是必不可少的。好啦，剩下的時間就讓我們好好體會本章的內容吧。

重點回顧 ➤➤➤

1、所有成就和財富的基礎是什麼？

官。

所有成就和財富都基於認知。

2、生命個體是怎樣與客觀世界連結在一起的？

生命個體是藉著思想和意識與客觀世界連結在一起的；大腦是思想的器官。

3、生命個體是如何同內在世界相連結的？

生命個體藉著潛意識與內在世界相連結。太陽神經叢是潛意識的器官。

4、什麼是普遍適用的法則？

普遍適用的法則是客觀存在的每一粒原子的生命法則。

5、個體是如何作用於外在世界的？

每個人進行思考的能力就是他作用於外在世界的能力，而這種思考就是認知的體驗過程。

6、如何達到最和諧、最完美的境界？

和諧完美的境界是藉著正確的思考方式實現的。

7、什麼導致了混亂、衝突、匱乏等各種局限的東西？

混亂、衝突、匱乏等各種局限都是錯誤的思考方式導致的結果。

第二課：習慣的發源地——潛意識

我們都知道，人的一生不會一帆風順，而我們面臨的困難主要是源於混亂的觀念及不知道自己真正的興趣所在。而要改變這種境況，就要在這些雜亂無章中找到內在的規律，以便我們調整自身去適應。因此，清晰的思維和敏銳的觀察力就顯得難能可貴。這種能力並非憑空而來，而是建立在平日的點滴努力之上。

你的感覺、判斷、品味、道德感、才智、志向都會影響你在現實生活中產生的滿足感。而前者是在你的學習中、實踐中慢慢累積起來的成果，每個人的境遇不同，這種成果也有所不同。為了達到滿足感，我們要向所有最優秀的思想學習。

所以說，思想就是力量，蘊含著強大的能量，這種能量比那些促進物質進步的夢想，或者你能想像到的最輝煌的成就都更加神奇。而積極的思想就是積極的能量，集中的思想即是集中的能量。而集中的某些積極的思想將化為非凡的力量。這種力量被那些不甘於貧窮、不甘於平庸的人孜孜以求。

獲得並彰顯這種能力的前提是對這種能力的認識，認識得越深刻，他能夠獲得這種能力的可能性就越大。反之亦然。而一旦具有這種能力，就會一直在頭腦中駐留，就會不斷創造、更新著人的思想和意識，並在外在世界中顯現出來。

第二課就是闡述認知這種力量的方法。

1 思維是靠顯意識和潛意識去運轉的。這是兩種平行的行為模式。戴維森教授說：「若僅想用自己有限的顯意識去說明整個精神世界的內涵和外延的行為，就如同用一根蠟燭想去照亮整個宇宙。」

2 我們的思維是一件完美的作品，為我們的認知活動做好充分的準備。其中潛意識的運行是準確而富有邏輯性的，不會出現張冠李戴的情況。但可惜的是，我們大多數人都不知道思維運作的規律和邏輯究竟是什麼。

3 我們頭腦中的潛意識，就像一位幕後工作者、一位慈善家，在我們需要時就送來補給，為我們耐心地工作。潛意識為我們最重要的精神活動提供一個盡情表現的舞台。

4 正是透過潛意識，莎士比亞從一個普通學生的反應中領悟到了那些偉大的真理並表現在他的作品中；正是靠這種潛意識，菲迪亞斯創作了那些著名的大理石和青銅雕塑，拉斐爾畫出了聖母像，貝多芬寫成了交響樂。

5 我們在工作和生活中處理問題的方式，大都不是依靠我們的顯意識，而是從潛意識中而來。彈鋼琴、溜冰、打字還有老練的商業行為等種種完美的技巧也同樣是從潛意識中而來。你可以一邊彈奏流暢優美的樂章一邊和他人進行一場幽默風趣的談話，這更是取決於潛意識的指揮棒。

6我們每個人都對潛意識產生了依賴。我們的思想越是崇高、偉大、卓越，我們就越會清楚潛意識在其中發揮的作用。我們在繪畫、雕塑、音樂等藝術各個方面的技巧、本能還有美感，全部都在潛意識中，而且也只能在潛意識中找到。

7潛意識從我們的記憶庫中提取我們所需要的所有資訊，諸如姓名、場景還有時間。它引導我們的思想過程、我們的品味還有對生活的態度。潛意識的價值是顯意識所不能具有的，是非凡的。它無時無刻不在注視著我們的生活。

8我們並不能隨心所欲地控制我們的生理機能，不能停止自己的心臟跳動，不能阻止自己的血液循環，也不能阻凝神經系統的形成、肌肉組織和骨骼的發育。但我們可以在潛意識的指引下隨心所欲地用感官去感受這個世界。

9我們的行為可以分為下面兩種：一種是聽從當前的意願發號施令，一種是根據潛意識中的規律有條不紊、從容不迫地進行。當然，我們更傾向於後一種選擇，潛心研究後一種行為的過程。研究後我們會認識到，這些潛意識中的規律自從被創造以來就是如此運轉，不受我們意願的管制，不被各種影響而左右，它們似乎一直就被控制在我們永恒的內在力量之中。

10在主導這兩種行為的兩種能量中，外在的可變能量就是顯意識，或者說是客觀意識。內在的可變能量就是潛意識，或者說是主觀意識，保障我們的內在世界有序地進行。

這種顯意識和潛意識一個更接近現實層面，一個更接近精神層面。

11我們必須認真觀察顯意識和潛意識各自的運行規律，以及它們在精神方面各自發揮的作用。其中，顯意識是運用我們的感官對外在世界發生作用。

12顯意識是我們的意志以及意志所產生的結果的動力源，它具有分辨、鑒別、選擇，甚至還有推理的能力。其中推理能力諸如歸納、演繹、分析、推論等等，可以進行更深層次的開發和拓展。

13顯意識有引導潛意識活動的能力，因此可以說，顯意識充當了潛意識的監護人這個角色，會為潛意識引導的行為承擔後果。這個角色有時可以從根本上改變我們現有的境況。當然，顯意識也在其他的精神活動上打上自己的烙印。

14潛意識存在我們意識的深層，在接受一些錯誤資訊後會直接反映到我們的大腦，從而影響我們的行動。而顯意識可以充當守門員的作用，在潛意識接受之前把這些錯誤的或者負面的資訊諸如恐懼、焦慮、疾患、衝突等等擋在門外，使我們的行為受到保護。

15有一位作家這樣區分顯意識和潛意識：「前者是意志推理的結果，而後者是以往意志推理的累積結果產生的本能的欲望反應。」

16潛意識本身不具備推理證明的能力，它只從現有的前提下直接得出判斷和對行為的指向，如果提供的前提是正面的、正確的，潛意識就會得出正確的判斷和正確的指向；如果提供的前提是負面或錯誤的，潛意識得出的結論就是錯誤的，行為指向也是錯誤的。為防止這種錯誤的判斷，就要依靠顯意識來把關。

17潛意識從來不去判斷它所接受的資訊是正確還是錯誤的，並在它們是正確的這個前提下引導行為。可是在現實中，我們所處的境況所帶來的資訊並非都是正確的，如果是錯誤的，潛意識的判斷行為就會對我們的人生軌跡產生巨大的反作用。

18作為監護人兼守門員，顯意識並非萬能的，總有擅離職守或者判斷失誤的時候，尤其是在異常複雜的情況下；這時潛意識就會對所有的資訊和暗示敞開大門，很多負面和錯誤的資訊就會長驅直入，尤其是在激情、衝動以及各種刺激中，這種情況發生的機率會成倍增加，結果就會給人帶來很多負面的東西，諸如自私、貪婪、恐懼、憎恨、妄自菲薄，有時是長時間的悲傷抑鬱。所以說，保護好潛意識的大門尤為重要。

19由於潛意識只透過直覺做出判斷而不需要證明自己的判斷，所以它的過程非常短暫，而顯意識與其相比則顯得緩慢得多。

20潛意識反應很迅速，一旦接收到資訊，就會按照它自己的規則運作，得出它的判斷。而這個規則，就是我們作用於外在世界的所有行為的動力之源，這也就是我們要去探究的原因所在。

21我們一旦瞭解了潛意識的運行規則，就會發現生活中能夠實踐的地方比比皆是。事先你認為可能是個艱難的談判，但隨後也許有個合適的話題，或者由於某個契機，談判圓滿結束了；面對可以預見的很多困難一籌莫展的時候，突然發現自己自然而然地另闢蹊徑，使當前的處境良性地運轉起來……其實，只要懂得潛意識的規律，並且能好好地利用它，就能夠駕馭各種各樣困難的局面，使面前豁然開朗。

22 潛意識是我們為人處事的原則以及對未來設想的根源，我們的品味、審美、各種特質都是來自於我們的潛意識。它就像已經寫好的程式，直接會在我們的身體中運行。如果接受了負面的資訊，要想克服負面的後果，就必須堅持不斷地反暗示，直到把原有的負面暗示排除，迫使潛意識接受新的、健康的思考方式或生活方式。堅持不斷地做某一件事，就會形成習慣，也就會形成潛意識所固有的模式，而不是靠顯意識去分析、鑒別、推理而產生的結果。潛意識是習慣的發源地。

23 如果是健康的好習慣，那就可以堅持下去，而如果是錯誤、有害的習慣，就像剛才提到的，要反反覆覆利用相反的暗示，把這個有害的習慣祛除掉。要認識到潛意識中蘊含的巨大能量，並且相信，你可以開發你的潛意識，能夠使其和你的生命力量結合，發揮更大的威力。

24 我們最後總結一下潛意識的功能：從物質層面來說，潛意識是維護生命的需要，在大腦正常運轉中也發揮著十分重要的作用。這取決於它具有的本能如心跳、血壓等。

25 從精神的層面講，潛意識具有記憶儲蓄功能，如同巨大無比的倉庫或者銀行，可以存儲人生所有的認知和思想感情。而且有助於發展人的智力，使人的思維更加敏捷，精力更為集中，甚至能夠激發人的創造力。

26 從心靈的層面上講，潛意識是理想、抱負和想像的泉源，能夠激發出我們的內在力量。可以說，潛意識是連接人類心靈與宇宙間無限智慧的一個橋樑。

27 那麼潛意識是如何改變環境的呢？可以這麼回答，潛意識能夠激發我們的創造性，這種創造性透過思想反映出來，並訴諸於行動，從而改變我們的現狀和處境。這也是潛意識的規則之一。

28 思維分為兩種，一種是簡單的思維，直接、無意識；一種是引導思維，有意識、有邏輯、富建設性。當我們充分利用我們的引導思維的時候，我們就能夠把主觀和客觀完全統一，就會激發出無窮的創造力。也就是，我們的意識具有創造力，可以對客觀環境發揮能動的作用，其成果會在我們的外在世界表現出來。這一法則就是「引力法則」。

心靈訓練 lesson ②

上一課我們主要對身體進行控制，如果你已經完成了這個任務，那麼就開始我們下面的練習，那就是控制自己的思想。讓我們再一次進入完全沉靜的狀態，最好跟上一次的地點相同，總之能夠真正讓你安靜下來的地方。然後試著控制自己的思想，讓那些幸福、平和的感覺能夠保留，讓那些擔憂、焦慮的想法離我們而去。經常進行這樣的練習，會讓你學會如何控制自己的思想和情緒，如何保持一個良好的狀態面對人生。

要知道，這個練習非常重要，如果我們控制不了我們的思想，那就控制不了我們的情緒，那我們就會為生活中無窮無盡的瑣事而煩惱、鬱悶，就會錯過一些能夠實現我們價值的機會。拋開那些無足輕重的東西，讓我們時刻保持清醒，直接索取我們想要的東西，這樣我們才不會虛度光陰。讓我們開始今天的訓練吧！

重點回顧

1、精神行為的兩種模式是什麼？
顯意識和潛意識。

2、悠閒從容的理想狀態取決於什麼？
悠閒從容的理想狀態完全取決於我們不再依賴顯意識活動的程度。

3、潛意識的價值何在？
潛意識是記憶的中樞，價值是非凡的，呈現在它能夠控制生命過程、警示我們、引導我們的行為。

4、顯意識的功能是什麼？

顯意識有識別檢查的功能；它有推理的能力；它是意志的發源地，並能影響潛意識的活動。

5、顯意識和潛意識的差異是如何表述的？

顯意識是推理的意志。潛意識是以往意志推理的累積結果產生的本能的欲望反應。

6、應該採取什麼樣的必要方法去影響潛意識？

在內心裡不斷暗示自己，強調你想要的結果。

7、這樣做的結果是什麼？

如果主觀和客觀相一致，實現所要求結果的力量就會開始運轉。

8、這一規律的運轉，其結果是怎樣的？

我們的外部環境是客觀條件的反映，而這些客觀條件，與我們內在世界所規劃的相互一致。

9、這一法則的名字是什麼？

引力法則。

10、這一法則是如何陳述的？

精神是具有創造力的，並自動與其客體相關聯，在客體中彰顯出它的能量。

第三課：無需向外界求助，自己才是最強大的

與龐大的宇宙相比，人是渺小的，就像茫茫大海裡的一滴水、巍巍高山上的一塊石。但是人絕不是被動的、無所作為的，人是世界共同的主人。人正改變著世界，讓世界以我們的意願運轉。人是能作用於世界的，同樣世界也作用於人。這種作用和反作用的結果就是因與果的關係。

思想總是走在行動前面，想到才能做到。因此，思想就是因，而你在生活中所遭遇的一切，都是果。有因才有果，既然這樣，就不要再為過去或現今的一切境遇有絲毫的抱怨了，因為一切取決於你自己，取決於你能不能把環境塑造成你所希望的樣子。

世界上最豐富的資源藏在我們的腦海裡，我們的思想蘊含豐富的寶藏。努力開發精神能源吧，讓它們在現實中實現，它們會聽命於你，一切真實的、長久的能力，都由此而來。

無需向外界求助，你自己就是力量的泉源，沒有誰比你更強大。只要你瞭解了你的潛能，堅定不移地朝著目標努力，你在生命的旅途中就不會被絆倒，就沒有任何困難能阻止你向前邁進，因為精神力量隨時隨地都準備向堅定的意願伸出

援手，幫助你把想法和渴望變為明確的行動、事件與條件，只要你願意開啟它。當你實現了這些，你就找到了力量的泉源，它將使你能夠得心應手地應對生活中產生的各種境遇。

當你刻意地去做一件事，這是顯意識的結果。我們需要把它們變成自發的意識，或者說潛意識，這樣，就可以把我們的自我意識解放出來，關注其他。習慣漸成自然，在新一輪的回合中，這些新的行動又漸漸變成了自然的習慣，繼而成為潛意識，這樣，我們的心智可以再度從這一細節中解放出來，進一步投入到其他的行動中。從顯意識到潛意識的轉變，其實就是從刻意到自覺再到習慣的改變。

1 人體的不同器官分擔著不同的工作：大腦—脊椎系統是顯意識發生的器官，交感神經系統是潛意識發生的器官。大腦—脊椎系統是我們透過感官接收意識傳輸的管道，並控制著全身的動作。大腦—脊椎系統的中樞在腦部，擔任顯意識的工作。而潛意識的工作則由太陽神經叢擔當，它是一個神經節叢，在胃的後部，是精神行為的渠道，是交感神經系統中樞，支撐著身體的生理機能。

2 顯意識和潛意識雖然分屬於不同的器官，但是它們的必要互動在神經系統中也有相應的反應。

3 顯意識和潛意識兩種系統之間的連接，是透過「迷走神經」建立起來的，迷走神經從腦部延伸出來，作為大腦—脊椎系統的一部分，延伸到胸腔，其分支分佈在心臟和肺部，最終穿過橫膈膜，脫去表層組織，與交感神經交結起來，這樣就構成了兩個系統的聯結，使人成為一個物質上的「單一實體」。

4 人類的大腦就像是一個顯示器，每一種想法都是透過大腦接收的，並在腦海中形成相應的影像；它聽命於我們的推理能力。當客觀想法被認為是正確的，就會被傳遞到潛意識系統，或是主觀意識當中，成為我們生命的一部分，然後再作為事實傳遞給外界。當到達主觀意識之後，這些想法就對推理論辯產生免疫力了，不再受其影響。潛意識不能進行推理，它只是執行，它把客觀想法的結論全盤接受。

5 太陽叢之所以被稱為太陽叢，是因為它像太陽一樣是分發能量的中樞機構，把全身不斷產生的能量傳遞出去。能量被真實的神經運送到身體的各個部位，在環繞身體的大氣中散播開來。這種能量是非常真實的能量，這顆太陽也是非常真實的太陽。

6 假如太陽叢的輻射足夠強大，人身上就會有很強的吸引力，充滿人格魅力。這樣的人會向周圍的人群揮發良好的能量。他的出現，本身就會給那些與他接觸的人帶來安慰，平息他們精神的風暴，就像太陽一樣照耀著周圍的人。

7 顯意識系統就像一個馬力強勁的發電機，當它啟動運轉，輻射出生命能量的時候，全身各部分的能量都處於激發狀態，這種被激發的能量會傳遞給與他接觸的每一個人，這種感覺令人愉悅，生命充滿健康活力，每一個接觸他的人都會受到感染，變得一樣精神煥發。

8 當太陽叢系統失靈，功能紊亂時，人就處於情緒低迷狀態，對一切都提不起興致，通往身體各個部位的生命和能量也就中止。這就是人類種族之間出現各種弊病、精神和肉體上及環境中受到各樣困擾的原因之所在，也是產生失敗的主要原因。

9 思想上的困擾是由於提供給顯意識思想能量的通道不夠順暢；環境上的困擾是因為潛意識和宇宙精神的聯繫被破壞了，因為無法溝通而處於紊亂狀態。

10 太陽叢處於十分重要的位置，就像一個關鍵中樞，是顯現的交點，生命的數量是無限的，個體可以從這個太陽的中心孕育出來。太陽叢是部分和整體的交會點，在這裡，宇宙轉化為個體，無形轉化為可見，有限轉化為無限，寂滅轉化為創造。

11 能量的中心裡潛伏著顯意識的能量，能夠完成一切所當完成的，因為它是全部生命和全部智慧的集合點，是身體全部能量的總和。

12 顯意識是策劃者，潛意識是執行者，潛意識能夠並且必將執行顯意識交付給它的一切計劃和使命，二者珠聯璧合，配合得天衣無縫。

13 顯意識的思想的品質決定著思維的品質。我們的顯意識所抱持的想法的品格決定著思維的品格，其特性決定著思維的特性，從而決定著將導致最終結果的人生際遇的特性。我們能夠輻射出的能量越多，我們就會以越快的速度把令人不快的境遇改造成令人快樂、受益的泉源。因此我們所要做的一切，就是增強我們的電量，讓我們內心的光芒照亮四面八方。接下來，重要的問題是，如何使內心的發光體閃耀出光芒，如何產生這種能量。

14 煩惡的念頭就像寒流，會削減太陽的光芒，使太陽光芒黯然失色；愉悅的念頭就像暖風，能給太陽升溫，使太陽不斷擴張。才能、信心、勇氣、希望，就是太陽的暖風；而太陽最主要的敵人就是恐懼，要徹底打垮、消滅這個敵人，把它驅逐出境，直到永遠。只有這樣，才能令太陽永遠燦爛，不被烏雲遮蔽光芒。

15 恐懼是一個貪心的惡魔，它不停地擴展它的疆土。你一旦感染上恐懼，它就會在你全身擴散，使你每時每刻都處於它的控制之下，讓你恐懼每一件事和每一個人。只有當恐懼被全然有效地清除，你的太陽才會閃光，陰霾將會消散，你就能找到力量、活力和生命的源頭，找到久違的快樂。

16 產生恐懼是因為自己不夠強大，是因為對自己缺乏信心。只有當你發現自己真的擁有了無限的力量時，當你經過實踐證明了自己足以憑藉思想的力量戰勝任何的不利因素，從而自覺地認識到這種力量的時候，你就沒什麼可恐懼的了，因為你知道，你比恐懼更強壯有力。

17 正是因為我們不敢堅持自己的權利，世界才會變得殘酷。只有對那些不能為自己的思想爭求容身之地的人，世界對他的指責才會冷酷無情。正是由於畏懼這種指責，才使得許多思想深埋在黑暗之中，不見天日。有期望才能有所得。如果我們一無所望，我們就將一無所有；如果我們冀望頗多，我們將得到更多。

18 太陽不需光和熱，因為它本身就在散發著光和熱。擁有太陽的人，太忙於向外界輻射自己的勇氣、信心和力量了；他們的心態引導著他們的成功；他們將把障礙砸得粉碎，跨越恐懼擺放在他們前進道路上的懷疑和猶豫的鴻溝，沒有什麼能阻擋他們成功。

19 當你意識到自己擁有太陽，你就不會再畏懼黑暗。一旦認識到自己有能力自覺地向外界輻射健康、力量與和諧，我們也就認識到了沒有什麼可畏懼的，因為我們力量無窮。

20 運動員是藉著鍛鍊才變得健壯有力，我們是透過「做」來學習的。只有把知識付諸實際應用，才能獲得深刻的認識。

21 每個人都有不同的使命，對物質科學情有獨鍾的人可以喚醒自己的太陽；有宗教傾向的人可以讓自己的太陽發光；偏愛嚴格的科學闡釋的人則可以讓自己的潛意識發揮功效。

22 潛意識如同顯意識的鏡子，會準確地對顯意識的意願做出有力的回應。那麼，要想讓你的潛意識發揮你所想要的功效，最簡單的方法又是什麼呢？那就是在內心裡關注你所嚮往的目標；當你真的集中內心的關注點，潛意識就已經開始為你所用了。

23 創造就意味著打破一切框架，就意味著不受束縛。創造性能量是絕對無限的；它不受任何先例的約束，因而也就沒有可以應用其建設性原理的已有範例。

24 宇宙精神是整個宇宙的創造原理，作為宇宙精神的部分，潛意識和宇宙精神的整體是相合、統一的。潛意識會對我們的顯意識意願做出回應，這意味著宇宙精神無限的創造性能量在人類個體的顯意識的掌控之中。

25 一杯水澆熄不了一堆燃燒的木頭，無限的能力無需有限的能力告知它如何去做。你只需要簡簡單單地說出你所想要的，而不是你想如何去實現它。這不是唯一的方法，但卻是一個簡單有效的方法，是最直截了當的方法，因而也是能夠獲得最佳效果的方法。

26 潛意識是宇宙精神的一部分，是宇宙的管道，混沌一片的宇宙由此得以分化，這種分化是透過佔有來實現的。你只需要為你想要的結果加上「因」的動力，就可以揚鞭驅馳了。這一結果，宇宙只能靠個體來實現，而個體也只能藉宇宙來實現——二者是合而為一的。

27 弓的紘不能總是緊繃著，一張一弛才是文武之道。緊張會導致精神活動的反常變化和動蕩不安；它產生憂慮、牽掛、恐懼和焦急。放鬆因此是絕對必要的，它可以使精神功能遊刃有餘地進行。

心靈訓練 lesson ③

請你完全地靜默下來，盡最大可能勒住思想的韁繩，而且要放鬆下來，讓肌肉保持正常的狀態；身體的放鬆是一個意志自主的練習，這個練習將對你大有裨益，因為它能令血液在周身暢通無阻地運行。這將從神經當中驅逐出一切的壓力，消弭那些將會導致肉體勞頓的緊張狀態。

盡可能地放鬆你的每一塊肌肉和每一條神經，直到你感到寧靜從容，與自身和世界相和諧為止。太陽就要開始運作了，結果將會讓你稱奇不已，你會感覺自己的能力在一點一滴地增強。

重點回顧 ➤➤➤

1、什麼是顯意識器官的神經系統？

是大腦—脊椎神經系統。

2、什麼是潛意識器官的神經系統？

是交感神經系統。

3、什麼是身體產生的能量分發的中樞？

是太陽叢。

4、能量的分發經常被什麼干擾？

能量的分發被抗拒、苛刻、混亂的想法所干擾，其中最嚴重的是恐懼。

5、能量分發被干擾的後果是什麼？

干擾的後果就是整個人類所遭遇的一切苦難。

6、身體產生的能量是如何被控制、引導的？

是被潛意識所控制、引導的。

7、恐懼如何能夠徹底消滅？

這需要對於一切能量的真正來源有所領悟、認知。

8、我們生活中的一切境遇由哪些因素決定？

是由我們精神中佔主導地位的態度決定的。

9、太陽叢如何被啟動？

集中精神，專注於我們渴望能夠在生活中出現的境遇。

10、什麼是宇宙的創造原理？

是宇宙精神。

第四課：你可以成爲任何一類人

因果相循，無因則無果，有因才有果。大多數人都只注重結果。這是由於因是潛在的，隱藏在過程之中，不引人注意。而果則是顯現的，吸引了所有的目光。思想就是能量，能量就是思想，但由於世界所熟知的一切宗教、科學、哲學都是這能量的表現而非能量本身，能量作為「因」就被忽視或誤解了。

本書的內容則反其道而行之，它只關注「因」的一面。與快樂、享受、幸福、健康、財富相對的悲傷、痛苦、不幸、疾病和窮困其實只是紙老虎，我們應該勇於並且有能力消除它們。生命就是表達，和諧而富有建設性地表達自己，是我們的分內之事，是我們不可推卸的責任。

消除這些因素的過程，需要高於並超越種種限制。如同船長駕駛他的船艦，又如火車司機開動火車一般，所有厄運、幸運、在劫難逃之運，都盡在掌握之中。一個強化並淨化了思想的人無需再擔心細菌的侵擾，一個懂得了財富法則的人瞬間就看到了供給的水源。

一個人的想法、作法和感受決定了他是一個怎樣的人。因此，有了宗教上的神與鬼，有了科學上的正與負，有了哲學上的善與惡。因此，做一個強者還是一個弱者，做一個成功的人還是失敗的人，都由自己決定。

1「自我」既不是血肉之軀，也不是心智。身體只是「自我」用來執行任務的工具，而心智是「自我」用來思考、推理、謀劃的工具。

2如果你認識了「自我」的真實特質，你就將享受到以前從未感知過的充滿力量的感覺，因為「自我」能夠控制並引導身體和心智，能夠決定身體和心智如何去做、怎樣去做。

3你可以成為任何一類人，因為所有的個人特徵、怪癖、習慣和性格特點都潛藏在你的身體裡，這些都是你以前思考方式的產物，它們和你的「自我」並沒有真正的關聯。

4思想的力量是「自我」被賦予的最偉大、最神奇的力量，然而不幸的是，極少有人知道什麼是具有建設性的、或者說正確的思考，人就是這樣而產生了差別，有了好壞、善惡之分。大多數人允許他們的思想停留在自私的層面，這正是幼稚的心智不可避免的結果。當人們的心智變得成熟時，就會懂得自私的想法是孕育失敗的溫床。

5認為別人比自己愚蠢的人才是最蠢的人。做任何一宗事務，都必須讓每一個與這宗事務相關聯的人能夠從中受益，任何一種試圖利用他人的軟弱、無知或需求而讓自己受益的舉動，只會得到賠了夫人又折兵的下場。

6 宇宙是由無數個個體組成，個體是宇宙的一部分，同一個整體的兩個部分之間不能相互敵對，每一個部分的幸福都建立在對整體利益的認知的基礎之上，只有團結才能產生合力。

7 在最大可能上把注意力集中到任何一個主題上；不讓自己精疲力竭，敏捷地消除一些游移不定的想法；不在無益的目標上浪費時間或金錢。這才是最明智的作法。

8 春天播種，秋天收穫；種瓜得瓜，種豆得豆。為了增強你的意志，認識你的力量，你可以借用一句強而有力的口號：「我要成為怎樣的人，就能成為怎樣的人。」

9 盡自己最大的努力去理解「自我」屬性的真正內涵；如果你能做到，如果你的目標和意圖是具有建設性的，並且與宇宙的創造原理和諧統一的話，你將無往而不勝。在奔向成功的道路上，你跑在最前面，所有人只能看到你的背影。

10 不論在什麼時候，不管在什麼地方，只要你想起「我要成為怎樣的人，就能成為怎樣的人」，馬上就重複一遍，持續下去，直到它成為一種習慣，成為你生命的一部分。

11 要堅持到底，絕不能虎頭蛇尾。當我們開始做某事但不把它完成的話，或是做了某項決定卻並不堅守的話，我們就養成了失敗的習慣——徹頭徹尾的、可恥的失敗。如果你不打算做一件事情，那就別開始；如果你開始了，即便天塌下來也要把它做成，不要受任何人、任何事的干擾。你身上的「自我」已做出決定，事情已經決定，沒有轉圜空間，更沒有討價還價的餘地，只有完成它。

12 一滴水也能折射太陽的光輝，從最小的事情做起，從那些你能夠掌控、能夠不斷努力的事情做起，但在任何情況下都不要容許你的「自我」被推翻，你將發現你最終能夠戰勝自己。要知道，許許多多的男男女女都曾悲哀地發現，戰勝自己，並不比戰勝一個國家更容易，小事中也藏著大玄機。

13 最強大的敵人往往是自己，當你學會戰勝自己，你將發現你的「內在世界」征服了外在世界；你將攻無不克、戰無不勝；人和事都會對你的每一個願望做出回應。那時成功對於你來說，就如探囊取物。

14 「無限之我」即為宇宙精神或宇宙能量，人們通常把它叫作「上帝」。「內在世界」是由「自我」掌管的，而這個「自我」正是那個「無限之我」的一部分。

15 「在我們身邊的所有奇蹟中，最令人確信的是：我們一直身處萬物或由此而產生的無限而永恒的能量之中。」赫伯特．斯彭德如是說。這些並不僅僅是為了證明或建立某種觀點而提出的一種陳述或者理論，而是一種被最優秀的宗教思想和科學理念接納的事實。

16 科學和宗教有不同的分工，科學發現了亙古常在的永恒能量，然而宗教卻發現了潛藏在這能量背後的力量，並把它定位在人們的內心之中。但這絕不是什麼新的發現；《聖經》中早已言之鑿鑿，語言平易簡樸、令人信服：「豈不知你們是神的殿，神的靈住在你們裡頭嗎？」這就是「內在世界」的神奇創造力的奧祕之所在。

17你不能給予別人你沒有的東西。無所取，何以予。若我們軟弱無力，也就無法幫助他人，如果我們希望對他人有所幫助，我們首先自己要擁有能量，先讓自己變得富有。

18人的潛力是永遠挖掘不盡的，無限意味著永遠不會破產，而我們作為無限能量的代言人，自然也不應以破產的面貌出現。開發自己的潛能吧，這會讓你受用不盡。

19克己忘我不能和成功畫上等號，戰勝一切並不意味著目中無物。這就是力量的奧祕所在，也是控制力的奧祕所在。

20我們必須對他人有所幫助，我們施予的越多，我們所得的就越多。我們應當成為宇宙傳遞活力的管道。宇宙處於不斷尋求釋放的永恒狀態之中，處於幫助他人的永恒狀態之中，所以它總是在尋求讓自己擁有最好地釋放的管道，這樣才能做最多有益的事，能夠給予人類最大的幫助。

21眼光要放遠一些，不要只拘泥於自己的計劃或人生目標，讓所有的感覺安靜下來，尋求內心的熱望，把精力的焦點放在內心的世界中，在這種認知中安居——靜水流深；密切注視各種各樣的機遇，找出萬有能量所賦予你的精神力量。

22萬物的精華，不在於它擁有什麼，也不在於它如何有力，皆在於它的精神，精神是真實的存在，因為它就是生命的全部；當精神離去的時候，生命也就消逝了，熄滅了，不復存在了，精神就是生命的靈魂。

23精神活動是在頭腦和心靈中完成的，是屬於內在世界的，屬於「因」的世界；而一切環境和景況，都是由內在世界產生的，它們是「果」。正因為如此，你就是創造者。這便是極其重要的工作，比其他所有的事都更重要。

24 精神和肉體一樣，會操勞過度、感覺倦怠。若精神產生倦怠，就會停滯不前，也就無法再進行一些更重要的實現意識力量的工作了。所以我們應當經常尋求適時的「寂靜」。在「寂靜」中我們才得以安寧，當我們安寧下來，我們才能思考，而思考，正是一切成就的奧祕。力量是透過休息得以恢復的，所以別忘記讓自己的精神休息一下。

25 思考不是靜止的，而是一種運動形式，它遵循愛的定律，激情賦予它振動的活力；它的成形與釋放都遵循成長規律；它是自我的產物，同時也是神聖的、精神的、創造性本質的產物。

26 為了釋放能量、財富或實現其他具有創造性的意圖，首先必須喚醒心中的激情，激情則可以讓思考成形。

27 你會發現，當我們持續思考同一件事情，到最後這種思考就變成自發性的了，我們會情不自禁地思考這件事情；直至我們對所思所想抱持積極的態度，再沒有什麼疑問了。這是因為精神力量的獲得同身體力量的獲得一樣，是經過鍛鍊達到的。我們思考一件事情，可能在頭一次非常困難，當我們第二次思考同樣的問題時，就變得容易多了；當我們反反覆覆一遍又一遍地思考的時候，就成了一種精神習慣。

28 任何還不能有意識地迅速而完全放鬆下來的人，還不能算是自己的主人。他尚未獲得自由，他仍然受到外在條件的奴役。但我現在假定你們都已經熟練掌握了上週的練習，可以進行下一步了，也就是精神放鬆。練習放鬆精神，做自己的主人。

心靈訓練 lesson ④

閉上眼睛，什麼都不要想，完全徹底的放鬆，除去一切的緊張，然後讓憎恨、憤怒、焦慮、嫉妒、豔羨、悲痛、煩憂、失望……精神中一切的不利因素離你而去，你會感到輕鬆無比。

萬事開頭難，很少有人一次就成功，不要放棄，你會越做越好，不管是做這件事情，還是做其他事情；不僅如此，你還一定要堅持下去，驅除、消滅、徹底摧毀心中一切的消極負面的想法；因為這些想法是你心中持續不斷產生各種可以形容或無法形容的不和諧狀況的種子，會使生命的樂章變調。

重點回顧 ▶▶▶

1、什麼是思想？

思想就是精神能量。

2、思想是如何運行的？

思想遵循共振原理運行。

3、思想如何獲取活力？

它遵循愛的定律，熱情賦予它活力。

4、思想如何成形？

它的成形遵循成長規律。

5、如何解釋創造性能力？

創造性能力是精神的活動。

6、如何開發勇氣、信念和激情？

透過認識我們的精神本質。

7、能力來源於何處？

源於對他人的幫助。

8、如何解釋能力源於對他人的幫助？

因為有所予才能有所取。

9、什麼是寂靜？

寂靜是身體的安寧。

10、安寧的價值何在？

安寧是控制自我、主宰自我的第一步。

第五課：真誠渴望——主張權力——勢必佔有

現在開始講第五課。

思想的產生，其實源於心智在行為中所發生的作用。人類的思想具有充沛、豐富的創造能量，當今活躍於世的各種想法意識，與過去相比，已經有了決定性的進步。

毋庸置疑，我們所處的這個時代正因為創造性的思想而得以發展和豐富，與此同時，對於那些在思想方面有著卓越貢獻的人們，世界也同樣饋贈給他們不菲的物資和精神獎賞。

然而，這一切並不是思想憑空施魔法變出來的，也是有規則可循的，這就是自然法則。思想釋放自然能量，推動自然能力，最終又在人類的言行舉止中得以展現，在人類相互的碰撞中產生作用，直至影響和改變人類所存在的這個世界。

人，能夠產生創造性的思想，也正因為這種自身的創造性，人類充滿能量，正所謂：只有想不到的，沒有做不到的。

1人類的精神生活中，潛意識至少佔據了百分之九十，這種主導性地位不容忽視。有些人，不懂得潛意識的巨大威力和影響力，他們的生活和生命也就因此會受到限制。

2只有我們在生活中正確地對待並引導潛意識，它才能夠為我們解決出現的各種困難，為順暢的人生保駕護航。人，可以休息，然而潛意識卻無時無刻不在工作。對於人和潛意識之間的互動，我們是單純地被動接受呢？還是應該發揮主觀能量，引導其運作呢？換句話來說，我們是應該積極主動地把握住自己命運的方向盤，提前預知防範可能的風險，還是隨著命運的潮水，任自己在際遇中漂流呢？

3眾所皆知，精神存在於我們肉體的每一個部位，受其牽引和影響。而牽引力和影響力的根源，可能是我們所面對的某個客體，抑或是在我們的心智中業已形成的某種想法觀念。

4融會在我們身體血液中的精神，有某種一脈相承的氣質，這通常就是我們所謂的遺傳。它是我們的先人們對自身經歷的一種反應，表現的是一種永無止息的生命力量。一旦我們正確地理解了這一點，我們就能正視自身暴露的一些令人不悅的小毛病和弱點，也能夠利用自身的主觀能量去加以改變，讓自身得以提升。

5我們的主觀能量就表現在：保留並發揚自身遺傳下來的好的、正向的性格特點；隱藏、修正或摒棄那些不好的、容易招致非議的性格特點。

6由此可以看出，我們自身的意念性的精神絕不僅僅是簡單的遺傳，而是我們所處的家庭、事業，以及社會環境綜合作用的結果。在這個作用過程中，還有無數的人以及他們的想法、思想感染著我們，眾多的直接或間接經驗啟發著我們，當然，其中也不乏我們自身的一些主觀性思考，有選擇性地對待。然而，就在我們坦誠地面對這一切經過的時候，我們幾乎是沒有加以檢查或考慮的。

7 亙古以來，我們人類得以創造、再生自身的方式和泉源也正在於此：昨天的思考成就了今天的我，而今天的思考必將引導和塑造明天的我。這就是應驗在人類的引力法則。它回饋給我們的，只是我們自身，而絕非其他。這個「自身」就是我們思想的產物，不論中間是否有意識的作用，我們絕大多數人都在無意中遵從這個法則，創造著自身。

8 當我們想給自己建造房屋時，總是周密籌劃，密切關注每一個小細節，認真鑒別選用品質上乘的材料。與此相對的，我們在為自己構建精神家園的時候，卻往往失去了如此般的細緻周到。人類的損失也就在此。因為，就重要性而言，後者遠遠超過前者。我們的精神家園構架如何，其中所選用的材質如何，氛圍如何，都將直接影響我們面對生活中每一個細微問題的具體觀點態度。

9 話說回來，那麼，什麼叫精神家園材質呢？其實，它是過往經歷集中反映在我們潛意識中所得到的一種反饋。一旦反映出來的印象充滿了恐懼、憂愁、焦慮，那麼，反饋自然也就是負面的、消極的、充滿懷疑的。這就意味著我們今天能夠用來建造精神家園的材料，其質地無疑也是負面的、腐爛的，這對我們的生活沒有任何好的影響，只會將生命淹沒在痛苦與怨恨之中，我們不甘心，竭盡全力地去改造，耗盡心力，只是為了讓它看起來像樣一點。

10反過來說，一旦我們勇敢堅定、樂觀向上，主動向一切不良、不利的觀念挑戰，主動摒棄或改造它們，長此以往，我們留下的精神材質絕對上乘，有了這個基礎，我們甚至可以自主選擇想要營造的色彩，構建的精神家園自然也是恒久堅固，歷經風雨不褪色，我們大可以信心十足地面對將來，精神有了好的棲息之所，還有什麼疑慮呢？大膽往前走就對了。

11以上陳述的種種，從心理學的角度來講，都是摒棄了猜測和理論推導的事實，沒有任何神祕的色彩。道理確實簡單，讓人一目了然，領會於心。我們因此而得到告誡：精神家園的建設不可偏廢，需要用心經營，持久關注，讓它的氛圍充滿著陽光、溫馨、整潔的氣息，這對我們在生活中的全面進步，絕對有著不可小覷的影響力。

12只有我們專注地完成了精神家園的基礎性建設，我們才能在此悠遊，用剩餘的上乘材料卓有成效地構築我們理想中的天地。

13在這裡，我們不妨用一個美好的比喻：有一處良田美地，那裡有著莊稼田園、有清澈的流水、有堅實的木材，舉目望去，寬闊無垠。還有一座豪華大廈，內藏有罕見的名貴字畫、極盡奢侈的家具擺設，應有盡有。作為財產繼承人，唯一要做的，就是心無旁騖地行使自己的繼承權，佔有並使用這些配置，不讓它閒置。美好的存在一旦被荒廢，那就等同於被無情地放棄。

14 在人類的精神領域，確實也就存在著這樣一處房產。而你，就相當於房產的繼承人！你大可以無所顧忌地佔有並適應，使出渾身解數，發揮自身最大能量去掌控它，營造出自然和諧、繁榮興旺的景象，這就是資產負債表中的淨資產，它將回饋給你幸福與安詳。你失去的只是你的軟弱無能和無助無奈的狀態，付出努力，你就掌握了決定自己生命方向的權杖，你將為生命和尊嚴而戰！

15 要想順理成章地佔有這筆豐厚的財產，不要吝嗇邁出的腳步：真誠渴望——主張權力——勢必佔有。三點一線的終點就是你所企及的美好家園。憑心而論，邁出這三步對你而言並非難事。

16 在遺傳學的領域裡，睿智的先祖們，譬如達爾文、赫胥黎、海克爾及其他生物科學家，已經用如山的鐵證為我們確立了遺傳法則在人類進化演變中所佔據的主導性地位。人類的直立行走，以及其他種種生理能力——運動、消化、血液循環、神經系統、肌肉力量、骨骼結構，甚至是精神能力，一切的一切，都得益於人類遺傳的成就。

17 然而，還是有一種遺傳被遺漏在外了，超越了科學先知們所能研究和想像的範疇，對此，他們深感無力無望，對於這種非凡的遺傳現象的存在，既有的科學依據和理論無法闡明界定，因此無法向世人昭示。

18 這種流淌在人類自身體內的無限生命就是人類自身，進入的大門就是人類的感官意識。你大膽地敞開這扇大門，就能輕而易舉地獲得這股能量，還猶豫什麼呢？

19有一個重要事實不容忽視：內心世界是誕生一切生命和能力的泉源。你所處的環境、經過的人和遇到的事也許會幫助你意識到眼前的機遇和需求。但是，只有從內心著手，你才能找到正確面對機遇、需求的力量與能力。

20這其中不乏一些贗品，這就需要我們去偽存真，發掘主觀能量，認真鑒別，依照宇宙精神的形象和樣式來為自己的精神家園打造堅實的基礎。

21我們在獲得美好精神家園的同時也因此而重生，擁有了敢於面對一切的勇敢與堅定，我們就不再徬徨、怯弱、恐懼、害怕。一些新的意識在心底被喚醒，我們瞬間擁有了無窮的潛能，指導我們跨越生命的溝壑，笑著無畏地前行。

22這股改變的能量來自哪裡？它是由內而生的，只有我們先付出主觀能量，才能繼而擁有它，除此之外，別無他法。全能的宇宙能量在形態分化的過程中，注入我們每一個人的體內，為了不讓能量在體內聚集堵塞，我們必須將它釋放，也只有這樣，我們才能獲得新的能量。在生命前行的每一步中，我們只有實實在在地付出越多，才能得到越多。我們需要身體更強壯，就必須付出比一般人更多的毅力和心血去堅持鍛鍊；我們需要累積更多的財富，就必須先投資金錢去搭建平台，只有這樣，才能獲得豐盈的回報。

23以此類推，商人用商品換回利潤；公司用高效率的服務贏得主顧；律師用有效的辯護維持客戶。這個道理存在於所有奮鬥經歷之中，也存在於精神能量的領域中——我們只有對自身已經擁有的精神能量加以使用，才能得到一切來自於其他的能量。我們失去了精神，就什麼都沒有了。

24 一旦意識到了精神的力量如此強大的事實，我們就擁有了去獲取所有力量——精神的、心靈的、物質的能力。

25 一切財富是心靈力量和金錢意識相互作用累積的結果。心靈力量就好比那柄充滿魔力的權杖，讓你接受有效的理念，為你安排可行的計劃，讓你在執行的過程中充滿快樂，最終在收穫中成就滿足感。

心靈訓練 lesson ⑤

不妨現在就嘗試一下：還是坐在原先那個座位上，以相同的姿勢，做一個深呼吸，放鬆心情，在腦海裡面勾勒這樣一幅精神願景——大地、建築、樹木、朋友……可以是你所能想到的一切美好的事物。剛開始，你會有些許沮喪，因為你可以想到太陽下所有事物，然而就是決定不了自己渴望專注的理想願景。請別喪氣，每天不間斷地重複做這樣一個簡單的嘗試，你會發現：改變就在眼前。

重點回顧

1、潛意識在人類精神生活中的儲備到底佔據多大份量？百分之九十以上的主導地位。

2、這一主要儲備一般被人類加以利用了嗎？很遺憾它被擱置了。

3、為什麼被擱置呢？原因就在於，絕大多數的人都忽略了自己的主觀能動性。

4、存在於顯意識中的傾向性調控指令，它的根源在哪裡？先人的經驗意識作用在我們身上的結果，也就是所謂的遺傳。

5、我們談到引力法則，它回饋給我們人類的到底是什麼？我們「自身」。

6、何謂「自身」？我們之前的經歷和意識綜合形成的結果，包括顯意識和潛意識。

7、構築精神家園的物質材料指什麼？存在於我們自身的觀念想法。

8、如何認識我們自身體內的這股能量？
這是宇宙全能威力分化的結果。
9、它是如何產生的？
一切的一切都源於內心。
10、我們從哪裡、怎樣獲得或擁有能量？
這需要我們對已有能量的恰當運用。

第六課：需要——尋求——行動——收穫

這一課重點在向你揭示有史以來最奇妙的一種機制，在這種機制的運行下，你能為自己創造太多的擁有——健康、勇氣、成功、財富，以及其他一切你想達到的圓滿。你在「需要」中尋求，在「尋求」中行動，在「行動」中收穫。這個連結過程指導我們走向一個又一個完全不同於今天的「明天」。就好像宇宙的進化一樣，個人的發展也經歷著循序漸進的過程，伴隨其中而無法捨棄的，正是我們不斷成長的能力。

有個道理再淺顯不過了：我們一旦侵犯了他人的權利，就會成為道德的絆腳石，在前進的過程中挫折不斷。我們因此而懂得：成功應該伴隨一種崇高的道德理念——「為最多的人謀取最大的利益」。

我們要實現心中的目標，就需要維持夢想、堅定渴望，構築和諧的關係，而偏執、錯誤的觀點、理念只會把我們引向成功的反方向。

我們只有維持自己內心的和諧，才能與永恒的真理統一步調。智慧的傳遞要求接收者與傳遞者步調一致。

思想來源於心智，心智是蘊含創造力的，但是卻不能創造和改變宇宙的操作方式，只有我們去適應它，有創造性地去維繫我們和宇宙之間和諧良好的關係，這樣，我們才能向宇宙索求，才有資格去擁有值得擁有的，我們也才能夠經營自己有價值的人生。

1奇妙的宇宙精神深不可測，蘊含著無窮的結果和實用性能量，萌生無限可能。

2我們在承認心靈是一種精神智慧的同時，也不能否認它的物質存在性。那麼，精神形態如何分化？我們又怎樣得到想要的結果？

3電學家會這樣闡述電的功效：「電是一種運動的形式，它的功效取決於它的運動方式。」我們所擁有的光、熱、電力、音樂，等等，都是電在特定的運動模式下，供人類驅使所產生的種種功效。

4思想的功效又是如何的呢？回答就是，就好像空氣運動產生風一樣，精神運動形成思想，不同的思考機制產生不同的思想結果。

5這就可以解釋精神能量的所在，它完全是我們自身思考機制的展現。

6我們在使用任何一種園藝工具的時候，都習慣性地查看相關的機械原理，便於操作；就好像我們在駕駛汽車之前，必須先弄清楚操作方法一樣；可是，我們中間沒有多少人，能正視自己對偉大生命機制的無知，說到底，這種機制就是人的大腦。

7在這種機制下所創造的奇蹟遍地開花，對它的領悟成為一種必然。

8首先，我們在一個宏大的精神世界中存在、生活、運動。包羅了這一切的這個世界具有無窮無盡的能量，能隨時對我們的渴望做出回應。我們的存在法則決定了我們的信念和目的，這種信念應該是富於建設性、創造性的，它會產生一股無堅不摧的力量驅使我們去實現自己的目標。有句話說得恰到好處：「你的信念如何，你的力量也必定如何。」

9思考過程是個人與宇宙兩者之間互動的結果，而大腦是完成這一互動的器官。這其中的奇妙之處可以想像：你在音樂、文學、芬芳的花朵中沉醉，你的思緒超越時空的阻隔與那些古代的、近現代的天才自由地對話共鳴。一切無他：你的大腦透過某個可以溝通的輪廓來讓你獲得所有美的感悟。

10大腦無疑相當於一個寶庫，能釋放自然界中任何一種美德或原則。它的胚胎結構蓄勢待發，能夠在任何需要的時候發育成形。一旦你確認了這點，你就直接接觸到了自然界中最為奇妙的法則之一，也就一定能夠領悟到那創造一切的偉大機制。

11如果以電路來作形象比喻，神經系統就好比一個細胞蓄電池，能量產生於此；神經纖維就是傳輸電流的絕緣電線，這裡的電流就是我們的血液奔騰的衝動和渴望。

12脊髓是感官管道，相當於一個巨能發電機，接收和傳遞大腦顯現的資訊；隨著脈搏跳動，在血管裡流淌的珍貴的血液，能不間斷地更新和喚醒我們的能量；最外面的，我們細膩的肌膚，用完整的軀殼覆蓋住整個身體。機制的運行就在這個完美的架構之中了。

13 我們可以將它稱之為「永生之神的殿堂」，我們每一個人都能在領悟這種偉大機制之後完全地掌管這殿堂，掌管的好壞，就取決於你對機制認識和運用程度的深淺。

14 我們的每個想法，都具有推動腦細胞的能量。起初，腦細胞中的相應物質不會輕易接受這種想法，只有當這一想法精確、集中到讓這種物質屈服，才會被回饋，從而淋漓盡致地被表達出來。

15 心靈的這種能量能影響作用於身體的任何一個細胞，能夠直接摒棄所有負面的效果。

16 一旦人類用心領悟並掌控了精神世界的法則，運用在商業行為中，必將產生無可估量的巨大價值，同時，能提高你對事物的觀察力，從而在更全面地理解問題的基礎上，做出最終最客觀的判斷。

17 在使用這種全能力量上，那些專注於內在世界的人，無疑擁有了戰勝一切的優勢，不會被輕易絆倒，這終將讓他的生命旅程充滿了美好、堅定、溫暖的景象。

18 集中意念、全神貫注，在精神文明的發展過程中，可能稱得上是至關重要的一個環節了。當你越是專注地對待一件事情，結果就越會超乎你的想像。因此，對於那些希望獲得成功的人而言，培養意念集中應該是他首要的功課，也是他通往幸福之旅必備的條件。

19這就好比放大鏡，我們知道，放大鏡可以聚焦太陽的光線，但是如果把放大鏡晃來晃去，光柱不斷移動，這時的放大鏡就沒有任何能量，只有當它靜止下來，才能把光線集中於一點，過一段時間就能看到奇妙的效果。

20思想的能量與此異曲同工：一旦你的思維分散、飄離，就導致能量無法集中，當然也就難以成就任何事情；只要你去全神貫注，對準一個目標篤定不放棄，只要時機合適，相信你取得任何成就都是指日可待的。

21說到這，也許會引來某些輕蔑的說法：原來成就是這麼簡單的！只要集中精神就好了。這無疑是忽略了鎖定目標的重要性。隨便讓你將意念集中在一件事物上，你肯定難以辦到，會不停地分神，不斷回復到最初的目標上，每一次都等於前功盡棄，到最後毫無所獲，因為，這個隨便的目標根本吸引不了你全部的注意力。

22的確，經過集中意念，全神貫注，我們就能克服和解決前進路途中遇到的種種挫折和困難，然而，獲取這種奇妙能力，只有一種實踐的途徑，那就是熟能生巧。任何事情都不會悖離這唯一的途徑。

23像那些大企業家、大金融家們，往往都在嘗試遠離人群喧囂，過一種避世退隱的簡單生活，無非也就是為了在這種簡單純粹中用心思考和計劃，還自己一個明淨平和的心態。

24不少商業菁英已經在這方面為我們做出榜樣，我們即便不像他們那樣有天賦，但是追隨他們思考的方式，相信在某個方面也一定會有所成就。

25機會只給有準備的人，這句話不假。所以我們要為自己營造一個良好的心靈模式，在這種隨時隨地做好準備的心靈中，說不定就會產生價值連城的金點子啊。

26我們要學習與龐大的宇宙精神保持和諧，與萬物保持一致，盡可能準確地掌握思維的基本法則和原理，這將幫助我們有效地改變世界，成就人生。

27你會發現，周邊的環境和我們的際遇會隨著我們精神的進步和成長而發生變化。要知道，我們在認識中成長，在行動中煥發激情，在際遇中洞察一切。只有心靈的跟隨，人生的進步才會永無止境。

28渺小的個人不過是巨大的宇宙能量分化的管道，它賦予我們的能量無限，因此，我們可能取得的進步就不會停歇。

29切記這樣一點：思想是汲取精神能量的過程。任何時候都不要忘記。這本書中力求闡明的方法，就是讓你不斷地領悟和學會實踐一些基本的原理，只有你真正做到了這一點，才算得上是找到了開啟宇宙真理寶庫的鑰匙。

30人生所有的苦難也無非是兩種：肉體上的病痛和精神上的焦慮。追根溯源，往往是由某些違反自然法則的行為導致。這種違背，其實是由我們有限的認識所造成。當我們摒棄過去一些不完備的知識，全方位地獲取新的資訊和認知，這一切伴隨的悲苦境遇就會隨之消失殆盡。

心靈訓練 lesson ⑥

想嘗試培養這種能力的方式很簡單：取一張照片，回到你之前的那個座位，以相同的姿勢坐定。請你認真觀察手上的這張照片，從照片中人的眼神，到他的面部表情，到他的衣著打扮，包括他的髮型設計等等，堅持十分鐘以上。然後，拿走照片，閉上眼睛，嘗試著在心裡勾勒這張照片的每一個細節，如果照片能在你的心底清晰呈現，那麼你的嘗試就成功了；如果不能，就請你反覆嘗試，直到最後出現效果為止。

這個簡單步驟充其量也只能算起步，真正播種的過程還在我們下週的講述中。這個練習主要是讓你學會控制心靈的情緒、態度和意識。

重點回顧 ➤➤➤

1、電力能創造哪些效果？

隨著電運動形式的改變，有光、熱、能量和音樂。

2、產生這些效果的機制是什麼？

電力被使用的機制。

3、人的精神和宇宙精神互動的結果是什麼？

我們人生各種各樣的際遇。

4、如何改變這些際遇？

改變宇宙在形態上分化的機制。

5、那這個機制又是什麼呢？

人的大腦。

6、大腦如何改變際遇？

經過「思考」的過程，作用於大腦，從而指導我們的行動。

7、集中意念、全神貫注的能量如何？

這是每個成功的人所必備的品質，能幫助人類完成任何一項偉大的成就。

8、如何能做到這一點呢？

這需要切實地實踐「二十四堂課」體系中的訓練。

9、為什麼這一點如此重要？

因為這將使我們能夠掌控自己的思想，而思想是因，境遇是果，如果我們能夠控制成因，也自然能夠把握結果。

10、客觀世界的境況何以發生不斷的變化？成效為何不斷累積？因為人們開始學習建設性思考的基本方法。

第七課：形體化你的目標

廣袤博大的世界是由無數各不相同的有形實體和主觀事物構成，有形實體是指可以透過感官來認知的客體、物質等一切可見之物。與之相反，主觀事物不可見的非實體，是屬於精神層面的，但是它卻非常重要。

而人則是有形實體和主觀事物的結合體，首先，人的形體是有形的實體，可以看得見，摸得著。而人的思想、意識和精神則是非實體。人的有形實體擁有選擇能力和意志力，可以稱之為顯意識，可以在能夠解決困難問題的種種方法中遴選出最佳方案。而作為非實體的精神，因為不能意識到自身的存在，被稱為潛意識。精神雖然依託人的形體而存在，無法進行選擇，但是卻是一切力量的泉源，像一個運籌帷幄的操縱者，它可以支配駕馭「無限」的資源來實現目的。

思想、精神等潛意識是人類取之不盡、用之不竭的寶藏，是偉大的造物者賦予我們的財富。利用潛意識來開發無限的潛能，就像用一把金鑰匙打開未來之門，它將帶給你無數的挑戰和驚喜。

下一課將立體直接地闡述詳談自覺地利用這種無所不能的能量方法。要想領略掌握這種神奇力量的精髓，你就要懷著一顆欣賞、理解、認同的心，仔細研讀。

1 要想畫好翠竹，先要胸有成竹；萬丈高樓起始於一張設計圖紙，因為無論你要建造什麼，你總是在計劃的基礎上建造。當工程師計劃挖一個溝渠時，他首先要確定成千上萬個不同部分所需要的力。當建築師計劃建築一幢三十樓的高樓時，他預先在心中描畫好了每一個線條和細節。

2 利用潛意識的第一步是要在心中設定一個目標，目標可大可小，但是一定要是你願意並能夠為之付出努力的。也就是說你先要在心中畫一幅精神圖景，一定要用心描繪，絕對不能信手塗鴉，因為你要對自己負責任。

3 精神圖景一定要繪製得具體、清晰明亮、輪廓鮮明，每一筆都要描繪得很清晰美好。不要考慮成本，不要為畫布夠不夠大、顏料是否充足的事憂心，不要讓自己的思維被局限。你應該從無限中汲取能量，在想像中構建它。放開思想的韁繩，讓它自由地馳騁，設想一個不受限制的宏大圖景；請記住，沒有任何人能限制你，除了你自己。

4 繪製宏圖是第一步，圖景繪製得精美宏大就有一個好的開始。接下來就要將這幅圖景深深地植入心中，然後按部就班，堅持不懈地為之努力。你付出一分艱辛，它就會向你靠近一步。儘管很少有人願意付出這樣的努力，然而工作是必不可少的——勞動，艱辛的精神勞動。這是一個非常著名的心理學事實，一分汗水，一分收穫，這是永恒的真理，但是僅僅知道這樣一個事實對你的心靈毫無幫助，你必須將它轉化成行動，付之於實際。

5 在你行動之前，你一定要明確地知道你的目標在哪裡，知道你應該朝哪個方向前進，正如同在播撒任何種子以前，你一定要知道將來要收穫什麼一樣。你將會明白，未來為你準備了什麼。千萬不要在沒考慮清楚的情況下盲目行動，這樣會讓你離正確的軌道越來越遠。如果你不知道該往哪裡走，不知道朝哪個方向努力，那麼就停下來仔細思考，不要怕浪費時間，因為明確的目標和周詳的計劃才是事半功倍的保證。這時候你一定要平心靜氣，日夜思考，一步步展開逐漸清晰明瞭的畫卷。首先是一個非常模糊的總體規劃，但是已經成形，輪廓已經出現，繼而是細節。然後你的能力會循序漸進地增長，直到你能夠詳盡地闡述你的宏偉藍圖，你的最終目的是讓它在現實生活中得以實現。

6 思想引發行動，行動產生方法。「形體化」是一個生動形象的說法，同樣也是一個行之有效的方法。賦予抽象的事物以形象，在腦子中為它畫像，彷彿就在你眼前，能夠看到它一樣，這就是我們說的「形體化」。運用這一方法，你能夠看到一個趨於完善的畫面。當細節在你面前展開，細節就像一個一個的零件清晰可見，環環相扣。

7 人類的思想具有極強的可塑性，可以按照主觀意願將它塑形。如果你想建造一所大房子，那麼首先你要在頭腦中給這所房子畫像。不管是高樓大廈還是田園庭院，無論富麗堂皇還是平淡樸素，都由你自己做主。你的思想就是一個可塑的模具，而你心目中的大房子最終就是從這個模具中誕生的。

8 「用這種方式，我得以迅速提高並完善一種想法，而不需要碰任何物件。當我前行到這種地步——設計出我所能想到的所有改進方式，看不出任何紕漏的時候，我才讓頭腦中的產物具體成形。我設計製作的產品最終總是與我所設想的一模一樣，二十年來無一例外。」這是尼古拉．泰斯拉——人類有史以來最偉大的發明家之一，他一生信奉的箴言。尼古拉．泰斯拉擁有神奇的天賦，創造了最令人歎為觀止的傳奇。他在實際創造之前，常常是先把這種發明放在頭腦中形體化。他首先在想像中逐步建立起理念，使它成為一幅精神圖畫，然後在腦海中重組、改進，而不是急於在形式上把它們具體化，然後再耗時費力地去修正。

9 形態能夠表現思想，這是一條規律。只要你有目的地循著這一方向前進，你將發展出信念，這種信念就是你成功的前奏，有了這種信念你將無往不勝、無堅不摧。這種信念還會帶給你自信，一種帶來毅力和勇氣的自信，讓你相信自己已經為成功做好了準備；你將發展出集中意念的力量，它使你能夠排除一切雜念，把思想集中在與目標相聯繫的一切事物上。如果你是這樣一個人，如果知道如何成為一個非凡的思想者的人，那麼你就擁有了金字塔尖上令人景仰和豔羨的地位，你就成為了人群中的意見領袖。

10 要想構造出有價值的產物也需要合適的材料，材料的品質決定了成品的價值。因此，要想構建品質上乘的作品，首先要做的事就是要確保材料的品質。再精湛的工藝也不可能用混紡絨紡織出上好的呢絨料，可以說材料的優劣決定事情的成敗。

11 為了生存和發展，各種形態的生命都要為自己的成長蒐集所需的物質，我們的精神也遵循同樣的法則、採取同樣的方式。獲得所需材料的最可靠的途徑是最完善地發展自身，蒐集最優秀的材料。其實這對於你來說並不難，因為你擁有超過五百萬的精神建築工，它們的名字是腦細胞，它們時刻待命，為你的宏偉事業衝鋒陷陣。這些細胞不停地創造並重塑著身體，而除此之外，他們還能夠進行一種精神活動，把進一步完善所需要的物質聚攏到自己身邊。你是個富有的老闆，因為你的體內還有數以億萬計的精神建築工，每一位都有足夠的智慧去領悟並作用於所接收到的資訊或建議，幫助你在關鍵時刻做出英明的決斷。

12 大部分人都喜歡創新，討厭重複，其實重複是十分重要的事。只有不斷地在頭腦中重複精神圖景，它才能夠變得清晰無誤。重複不是無功用，每一次重複的過程都會使圖像比先前更加生動立體，而圖像清晰準確的程度與它在外在世界中的展示成正比。你的思考能力無邊無際，這意味著你的實踐能力無邊無際，足以讓你創造出一切你自己渴想擁有的外部環境。你必須在內在世界，在你的心靈中牢牢地把握它，直至它在外在世界中顯現出自己的形象。

13 有的人總認為自己很無力，總希望從「外在世界」中尋求力量和能力，從內心以外的各個角落尋找力量，這實在是太荒謬了。其實最強大的力量在人的內心之中，但令人十分扼腕惋惜的是，許多人絲毫沒有察覺到自己擁有這樣巨大的力量，這樣超自然的能力。有朝一日這種力量一旦從他們的生命中彰顯出來時，他們一定會被自己嚇一跳，他們會發出這樣的感慨：「原來我是如此的強大啊！」

14 永遠不要受外部環境的影響，讓我們僅僅是設想藍圖，讓我們的內在世界美麗豐饒，外在世界自然會表達、彰顯你在內心擁有的狀態。一塊白布上有一個小黑點，如果你把自己的目光一直聚集在這個黑點上，那麼這個黑點就會被無限放大，最終擋住你的視線，使你看不到白布，雖然白布才是主體。這樣的作法帶來的結果是：你因為一個小黑點而失去了一整塊白布。

15 誠摯的願望將帶來自信的預期，而這些反過來又會由於堅定的渴求而進一步增強。願望、自信和渴求必將帶來成就的輝煌，因為內心的願望是感覺，自信的預期是想法，而堅定的渴求是意志。感覺為想法賦予活力，而意志使之堅定不移，直至「生長法則」使願景成為現實，這些都是不爭的事實。設想一幅精神圖景，讓它清晰、完美、明確；牢牢地把握它；方法和手段會隨之而來，指引你在正確的時間，用正確的方式，去做正確的事情。

16 所有人都希望得到金錢、權力、健康、富足，卻沒明確的因果相循的道理，有善因才有善果，天下沒有免費的午餐。有許多人無比積極地去追逐健康、力量及其他外部條件，但似乎沒有成功，這是因為他們在和「外部」打交道。相反，只有那些不把目光專注於外部世界的人，他們只想尋求真理，只要尋求智慧，而智慧就賜予他們，力量的泉源就會向他們敞開，認識到自己創造理想的力量，而這些理想，最終將會投射在客觀世界的結果中。他們會發現智慧在他們的想法和目標中展現出來，最終創造出他們渴想的外在境遇。

17 在很多時候，我們就像是一個剛剛開始換牙的孩子，總是好奇地用手去搖動鬆動的牙齒，總是不自覺地用舌頭去碰剛長出的新牙。毫無疑問，在這種情況下，牙齒經常會長得畸形。我們想要做一些事情；我們需要幫助；我們沉陷於憂慮之中無法自拔，我們表現出來的也是憂慮、恐懼、悲愁。而這正是許許多多的人在自己的精神世界中所做的事情。

18 對於那些胸懷勇氣和力量的人來說，引力法則必將帶來富裕豐饒；而對於那些常常懷抱著匱乏、恐懼的想法的人來說，引力法則必將帶來窮困潦倒、匱乏短缺。由此可見，一切都在於你怎麼想，怎麼做。

19 只要我們擁有一顆開放的心靈，應運而生、應時而動，我們就能做比以前更多更好的工作，新的道路將不斷出現；新的大門將為我們敞開。思想是能量之源，它產生的動力足以推開財富的大門，我們在生活中遭遇的所有經歷，都取決於此。思想的力量，是獲取知識的最強而有力的手段。沒有什麼是超出人類理解力的，但要利用思想的力量。

20 自己是否能夠堅持這個自我，抑或是像大多數人一樣隨波逐流？是不是時常感覺到自我與形體同在？這是你每天都要問自己的問題，並且要在內心深處尋找答案。當蒸汽機、動力織布機以及其他每一次技術進步和改良措施被提出來的時候，都遭遇過強烈的反對，不過這並不影響它們走進我們的生活。不要永遠只是被引導，要勇於擔當引導者。

心靈訓練 lesson ⑦

靜下心來，在腦海中想像一下你最親密的人。他的外貌特徵、穿衣打扮、言談舉止——回想你最近一次見到他時交談的情景。我們本週的練習是，把你的一位朋友在你的腦海中形象化，直到你的頭腦中清楚地出現他的影像，完全像你最近一次看到他時那樣。想像那屋子、家具，重複你們對話的場景，最後看他的面龐，仔細清楚地觀察，然後就某個有共同興趣的話題和他進行交談；觀看他的表情變化，看他的微笑。你能做到嗎？好的，你沒問題；然後激起他的興趣，告訴他一次歷險的經歷，看他的眼神中閃爍著的興奮開心的光芒。你能做到這些嗎？如果可以，你的想像力很棒，你正在取得了不起的進步。

重點回顧

1、形體化指的是什麼？
精神圖景形成的過程就是形體化。
2、形體化會產生什麼樣的結果？
可以在內心產生一幅理想的景象，並且能夠指引你按部就班地行動，實現目標，成為自己希望成為的人。
3、什麼是理想化？
理想化是最終會在客觀物質世界中實現的計劃形體化或是設想的過程。
4、為什麼理想化或是形體化中的清晰度或準確度非常重要？
因為「視覺」創造出「感覺」，「感覺」改變我們的境況。首先是精神上的，繼而是情緒上的，最後是實現的無限可能性。
5、怎樣實現這種清晰度呢？
每一次重複會使得這幅圖景比前一幅更清晰、更準確。
6、建設精神圖景的原材料是如何獲取的？
這些是由成千上萬個腦細胞完成的。
7、怎樣獲取使理想在客觀物質世界中實現的種種必要條件？
這是藉由引力法則實現的。一切境遇或經歷的發生都遵循引力法則。

8、把這條法則付諸實踐有哪些步驟？

有三個步驟，真誠的渴望、自信的期待、執著的追求。

9、許多人失敗的原因是什麼？

因為他們把關注點放在了損失、疾患和災難上，引力法則運行不怠；他們恐懼什麼，什麼就會降臨在他們頭上。

10、如何正確地取捨？

專注於你渴望在生活中實現的理想。

第八課：和諧的思想產生美好的結果

生活看起來千頭萬緒、豐富多彩、變幻無常，其實生活是符合規律的，而並非受制於各種飄忽不定的偶然性，處於一種相對穩定的狀態。這種穩定的狀態就是我們的機遇，因為只要遵從這個定律我們就可以準確無誤地獲得想要的結果。我們可以自由地選擇自己思考的內容，然而想法的結果卻總是服從一條鐵的定律。如果不是因為有了這個規律，那麼宇宙就不是朗朗乾坤，而是一片空虛混沌了。因此我們說正是這個規律使宇宙變得和諧歡樂。

思想是行動的前提和動力，如果思想是和諧的、具有建設性的，那麼結果一定是美好的；如果思想是破壞性的、嘈雜不堪的，結果一定是不幸的。思想是善惡之源的奧祕，幸與不幸，全部由思想來主宰。

成功與失敗只不過是用來描述行為結果的詞語而已，或者說，用以說明我們對這一規律是遵從抑或違逆。這一點我們可以用卡萊爾和愛默生生活生生的例子加以佐證：卡萊爾憎恨一切壞東西，他的一生可以說是一部永遠嘈雜不寧的紀錄。與卡萊爾形成鮮明對比的是愛默生，他的一生就是一首寧靜而和諧的交響樂，他熱愛一切好東西。

兩位人類歷史上的智者，為了實現同一個理想卻使用了截然不同的方法。卡萊爾接納了破壞性的思想，因此給自己帶來了無盡煩躁不寧。而愛默生則利用了建設性的思想，因此與自然法則和諧一致。

由此我們可以很清晰地看到，恨是極具破壞性的，憎恨任何事物都不是明智的作法，即便是「壞」事。種瓜得瓜，種豆得豆，持有破壞性的思想不放手，收穫的必將是難以下嚥的苦果。

1 相類似的思想總是會更容易地結合在一起，因為這是宇宙的創造原則。思想得以成形，生長法則終究會彰顯出來。一切有生命的物種都有生長的過程，並且總是自覺不自覺地朝著實現這個目標努力。尋找到一種方法，能夠使建設性的思維習慣取代那些給我們帶來不利效應的思考習慣，這一點就變得至關重要。

2 每個人都可以任自己的思想天馬行空，自由馳騁，但所有持久的想法都會在個人的性格、健康和外在環境中產生相應的結果，這是一切想法產生的結果必然遵從的一條不變的定律。

3 精神沒有形狀，抓不到摸不著，所以精神習慣很難掌控，但並不是說完全無法做到。你可以試一下，從這一秒鐘開始，看看自己的想法是不是必要，形成分析任何一種想法的習慣。將腦海中那些破壞性的思想剔除，以建設性的思想取而代之。

4「學會關上你的大門，不要讓任何不能給你的未來帶來明顯益處的東西進入你的心靈、你的工作、你的世界。」這是喬治．馬修．亞當斯留給我們的一句話，其中的道理是實用的，因為所有的人都很有必要培養一種有助於建設性思維的心態。有些想法是有價值的，是與「無限」步調一致的，它能夠生長、發展，結出豐碩的果實，那麼，保留它，珍視它。如果你的想法是批評性的或破壞性的，在任何條件下都只能招致混亂與不和諧，這些想法卻是一個個的毒瘤，要毫不手軟地剜去。

5想像力是思想的建設性形態，一切建設性的行為，都有想像力作為先導。想像力是光，這道光為我們照亮了一個嶄新的思想和經歷的世界。想像力是一種可塑的能力，它把感知到的事物塑造成新的形態和理念。想像力是一個強而有力的工具，所有探險家、發明家，都是借助這一工具，開闢了從先例到經驗的通道。

6影片導演如果找不到優秀出色的劇本，他也就拍攝不出什麼票房收入良好的片子，而這關鍵的劇本則是來自於想像力。如果把未來比作一件衣服，那麼想像力則能夠起到積聚原材料的作用，而心靈的作用是把材料編織成衣裳，而我們的未來，就是從這樣的理想中浮現出來的。可以說，想像力的培養，有助於引發理想。

7真正的事物是由偉大的思想創造的，物質世界中的事物就如陶匠手中的泥，由思想將它塑造成形，而這工作的完成不得不借助想像力的運用。為了培養想像力，做一些練習是有必要的。

8 我們身體的肌腱需要加強鍛鍊，才能變得更加結實健康。精神的臂力也需要鍛鍊，需要營養，否則無法成長。

9 白日夢是一種精神的揮霍浪費行為，它將導致精神上的疾患。切忌混淆想像力和幻想；或是把它和很多人愛做的白日夢等同起來，它們之間有本質上的區別。

10 有些人認為最為艱辛的工作莫過於建設性的想像力，這是一種高強度的精神工作，但是它的回報也是最為豐厚的。企業主如果不在他的想像中預想整個工作計劃，他就無法建造一個擁有上百個分公司、數千名員工、上百萬資產的大型財團。因為生命中一切最美好的事物都賜給了那些有能力思考、想像，並使自己夢想成真的人。

11 你只要有目的地運用思想的能量，與精神這個全能者保持步調一致，那麼你就能夠在通往成功的道路上大踏前進的腳步。因為，精神是唯一的創造原理，精神無所不能、無所不知、無所不在。

12 一切能量都是由內而生，真正的力量來自內心。因此我們必須有一顆樂於接納的心靈，這種接納性需要經過訓練，即需要培養、提高、發展，就像鍛鍊身體一樣。接下來，就是要把自己放在一個能接收這種能量的位置，因為這種能量無處不在。

13 真正發生作用的，是在我們心中佔主導地位的精神狀態。如果大部分的時間沉浸在軟弱、憎恨、負面的想法中，不可能憑藉在教堂中的一會兒沉思，或是讀一本好書時

的狀態而消滅，也不可能指望僅憑一瞬間的強大、積極、創造性的想法，就能帶來美好、強大、和諧的狀態。這是由於引力法則必然準確無誤地按照你的習慣、性格以及佔主導地位的精神狀態，在生活的景況、境遇、經歷等方面回饋於你。

14 內心蘊含著人人都能使用的所有力量，人的內在力量在等待你透過第一次認識它從而讓它變得可見，然後主張對它的所有權，把它注入到你的意識中與你合而為一。

15 自古以來，健康長壽一直都是人們孜孜不倦的追求，但是就目前來看，進展甚微。長壽不是僅僅依靠多多鍛鍊、科學養生、每天喝足八杯白開水，用健康的方式食用健康的食品就能得到的。這些都是細枝末節，不是問題的關鍵，無知是一切錯誤產生的根源。但是，當人們敢於肯定自己同一切的「生命」合一，就會發現自己變得耳聰目明，腿腳便捷，渾身洋溢著青春的活力；就會發現自己找到了一切能量的泉源，彷彿得到了長生不老的靈丹妙藥。

16 知識的獲得帶來能力的增長，這是成長和進步的決定性因素，是宇宙的靈魂。知識的獲取和證實是能量的組成部分，這種能量是精神能量，這種精神能量是潛在於一切事物核心的能量。

17 思想是推進人類意識進化的動力，知識是人類思想的結晶和昇華。如果人類的思想停止進步，理想不再提升，他的能力就開始瓦解；相由心生，他的面容也將隨之改變，記載這些變化的情況。

18 堅定不移的理想，為成功準備著必要的條件。因此，你可以把精神與能量的華服編織到整個生活的錦緞上，與之融為一體。因此你能夠過上充滿快樂的生活，免除一切苦難；因此你自己可以產生積極向上的能力，將富足與和諧吸引到你的身邊。如果你忠實於自己的理想，當環境適合於實現你的計劃時，你將聽到心底發出的召喚，結果將與你對理想的忠實度嚴格成正比。

19 思想是建設理想所用的材料，而想像力就是理想的精神工作室。心靈是他們用來把握周邊環境和人物的永不停息的動力，他們用這樣的心靈去築造成功的階梯，而想像力正是一切偉大事物誕生的母體。

20 只有少數人知道，他們所見的一切都只是結果，他們還知道形成這些結果的原因。而大多數人看到的都只是表面，這就是隨處可見的波動、不安的主要原因。

21 一艘巨輪，如一座二十一層摩天大樓一般高大的怪物漂浮在太平洋上，用肉眼望去看不到任何生命，一切都是靜默的。它就像冰山一樣，有一大半身軀沉在海平面以下。

22 這條船看起來默默無語、順從聽命、無咎無責，卻能發射數千磅的炮彈，重創幾英里外的敵軍。船上有一支整裝待發的菁英部隊，船體的每一部分都由能幹的、訓練有素、技巧嫻熟的軍官駕馭著，他們藉著駕馭這艘巨大的船體來證明自己的勝任度。它儘管看起來已經被萬物遺忘，但它的眼目觀測著周邊幾英里內的每一件事物，任何東西都逃不出它的視野。這些是我們經過觀察而產生的聯想和推斷。

23想想鋼板。看，有上千個鑄造機械廠的工人從礦山提取了鐵礦石，將它們運上貨車或汽車，然後熔化，鍛造出了許多鋼板。這些鋼板就是造船的原料。這樣我們就知道了這條船的由來。

24然而，這艘戰艦是如何來到現在的地點，在開始之時又是如何誕生的呢？如果你是個細心的觀察者，所有這一切，我們都會想知道。

25為什麼要建造這樣一艘大船呢？也許是發自國防部長的命令；但更有可能的是，自戰爭開端以來戰艦就被設想出來了，國會通過了撥款提案；也許有反對票，也有支持或否定這個提案的演講。進一步的思索會讓我們明白一切事件中最重要的事實，那就是：如果沒人發現如何使這個鋼筋鐵骨的龐然大物能夠在水面上行駛而不至於沉下去的規律，這艘戰艦就根本不會誕生。

26我們需要把思想回歸到戰艦無形無物、無法觸摸的形態中，它僅僅存在於工程師的腦海中。於是，我們的思想軌跡起始於這艘戰艦，終結於我們自己。最後我們會發現，自身的思想總是對這個問題或其他很多問題負責，而這些正是我們常常忽視的。

27當我們的思想能夠看穿事物的表象，一切都與先前截然不同了，瑣碎卑微的變得意義深遠，了然無趣的變得興趣盎然；一些我們曾經認為毫無用處的事情將成為生命中至關重要的存在。

心靈訓練 lesson ⑧

為了培養自己的想像力、觀察力、感知力與敏銳度，可以隨便拿起一件物品，追本溯源，條分縷析，看看它到底是什麼，有怎樣的構造。這個不能依靠多數人的膚淺觀察得來，而必須透過事物的表面，用分析的態度細緻觀察。試試看，這是個很好的訓練。

重點回顧 ➤➤➤

1、如何解釋想像力？

想像力是我們用以觀察思想和經歷的新領域的照明燈，是所有發明家或探索者開路衝鋒的強而有力的武器。

2、運用想像會有什麼結果？

播種想像，將使你得以大展宏圖、開拓未來。

3、如何播種想像？

想像力的成長離不開訓練。

4、如何區別想像力和白日夢？

想像力是建設性思維的一種，它必須伴隨著建設性的行動，白日夢是精神渙散的表現。

5、錯誤由什麼產生？

錯誤是無知的結果。

6、什麼是知識？

知識是人進行思考的能力。

7、成功人士運用何種能力取得成功？

他們運用的是心智；心智是保證他們掌握他人和外部環境以幫助他們完成藍圖的原動力。

8、是什麼預定結果？

是理想。心中堅定不移的理想能夠帶來實現理想的必要條件。

9、敏銳地分析觀察會產生怎樣的效果？

想像力的開發、觀察力的深入、感知力的增強與睿智的成長。

10、這些能力將帶來怎樣的結果？

富裕與和諧。

第九課：改變我們自己

世上的事無法總盡如人意，人們都有美好的願望，但是要實現它卻要步步受阻。我們無法改變社會來適應我們，只能改變自己以適應社會，如果想要改造環境，首先要改變自己。但是這並不意味著我們無能為力，只能聽從社會和環境的擺布。總會有各種辦法克服阻力，使得美夢成真。

大千世界中有形形色色的人，有的人懦弱膽怯、優柔寡斷、害羞內向，而有的人堅強勇敢、胸懷壯志、熱情開朗；有的人由於恐懼即將到來的危險而過度緊張、焦慮煩躁，而有的人天生喜歡挑戰，在與困難挑戰中永遠是勝利者。這一切差別都是性格使然。

性格不是天生的，而是持續努力的結果。醫治的良方非常簡單，用勇氣、能力、自強、自信的念頭，取代那些無助、畏怯、匱乏、有限的想法。積極的想法必將摧毀消極的念頭，就如白晝驅散黑暗一樣肯定，結果會是百分之百奏效。因為在同一個時間、同一個地方，兩種不同的東西不能共存。如同植物的種子發芽長葉一般，我們內心深處的願望、期盼完全可以找到表達的方式。

堅定不移的信念要靠不斷的重複來鞏固和增強，不斷的重複，會使心中所渴望的願景成為我們自身的一部分。假設我們想要改變環境，如何改變它呢？回答很簡單：改變我們自己。我們就這樣改變了自己，就這樣把我們自己改造成嚮往中的樣子。

有了改變的想法就要行動，行動是思想盛開的鮮花，境遇是行動的結果。只有把思想落到實處，美好的願景才能形象化、視覺化，才能得以實現。

1 愛、健康與財富，這是人類個體最高層次的表達，最全面的完善。也可以說人一生孜孜不倦追求的就是這三件事，這是人類天生的使命。那些同時擁有健康、財富與愛的人，他們的「幸福之杯」已完全滿溢，再也加不進別的東西了。

2 健康的身體是快樂的本錢，如果肉體痛苦，又怎麼能享受快樂呢？

3 當然財富是必不可少的，雖然這種說法顯得有些市儈，出於某種心理的一些人並不會爽快地承認。但比較於豐富、闊綽、豪奢等充足的供應，所有人都不堪忍受匱乏、拮据和局限，因為選擇好的東西是人的本能。如果你需要「財富」，那麼只要你認識到，你內在的「自我」與宇宙精神合一，而宇宙精神就是全部的財富，它無所不在，這種認識將幫助你實現並運行引力法則，使你與那些能夠使你走向成功的能量發生共振，並給你帶來與你宣稱的目標絕對一致的能力與財富。

4愛是一種神奇的東西，很難給它下準確的定義。愛並不符合守恒定律，如果你需要愛，那麼請認識到得到愛的唯一方式是施予愛，你施予的越多，得到的也越多，而你能夠施予的唯一方式，是讓你自己充滿愛，直到你成為愛的磁石。愛是全世界通用的語言，對於人類幸福來說是頭等重要的大事，與健康和財富相比，愛似乎更為重要。只有健康和財富而缺少愛，生活就不會完美，是無法彌補的遺憾。

5人們總是南轅北轍地在「外在世界」中追尋這三樣事物，其實它們都隱藏於「內在世界」。找到他們的祕訣非常簡單，就是找到一種合適的「機制」，與全能的宇宙力量相聯繫。宇宙物質等同於「全部健康」、「全部財富」和「全部的愛」，而我們能夠用來和這無限相聯繫的機制就是我們的思維方式。

6內心是屬於精神的，那麼它必然是絕對完美的。思想是精神的活動，而精神是創造性的。把這一點謹記在心，現實的情況就會與你的思想保持一致。因此，「我完整、完美、強大、有力、熱愛、和諧而幸福」的宣稱，絕對是科學的陳述。

7應該想些什麼是關乎人類生存和發展的大問題，正確的思維實際上就是神奇的金鑰匙，就是「芝麻開門」的神奇咒語。正確的思維，會使我們領悟愛、健康與財富的真諦，帶領我們進入「至高者的聖殿」。

8真理既是所有事業和社會交往中的潛在法則，又是每一次正確舉動的先決條件。如果說真理是世人夢寐以求的寶藏，那麼正確、合理的思維就是引導我們找到寶藏的地圖，有了正確的思維這盞指路明燈，我們就一定能夠找到真理之所在。

9 自信且肯定地認識真理就是與「無限」和「全能」的力量和諧相處，就可以獲得真正的滿足。因此，認識真理就是使自己與戰無不勝的力量相聯繫，這是一切其他事情都無法比的。在這個充斥著懷疑、衝突和危險的世界中，它是唯一一塊堅實的地面。因為真理是強而有力的，它可以席捲各種各樣的嘈雜與混亂，可以戰勝一切懷疑與謬誤。

10 一個人的成功主要是取決於其行為是否能和諧地與真理保持同步，哪怕是絕頂聰明的人，哪怕他學富五車、明察秋毫，如果他的希望是建立在錯誤的前提之上的話，他也會迷失在謬誤的叢林裡，對接下來的結果無法形成概念；反之，即便是最缺少智慧的人，也可以靠直覺對一件基於真理之上的行動的結果進行預測。

11 真理是宇宙精神的至關重要的原則並且無所不在，不管是故意還是無心，任何與真理相牴觸的行為都會導致混亂不安，因為真理是個專橫的獨裁者，它不容許任何人任何事挑戰它的權威，也容不得絲毫的反叛。

12 內在的「自我」是具有精神屬性的，而所有的精神都是合一的；如果把最偉大的精神真理與生命中的細微之處相聯繫，那麼就已經找到了解決所有問題的祕密。如果我們能做到這一點，那麼我們體內的每一個細胞都將彰顯我們所認識的真理。如果你看到的是缺憾，它們彰顯的也是缺憾；如果你看到的是完善，它們彰顯的也是完善。大膽宣稱「我完整、完美、強大、有力、熱愛、和諧而幸福」，將給你帶來和諧的境遇。這是因為，這樣的宣稱是與真理嚴格一致的，當真理彰顯出來，一切的謬誤和混亂都將消失。

13 近朱者赤，近墨者黑，人和事是可以相互影響滲透的。如果一個人與偉大的理念、偉大的事業、偉大的自然物、偉大的人朝夕相處，那麼他就會在潛移默化中受到鼓舞，思想也會變得深邃。

14 所有的成功，都是透過把意念恒久地集中於看得見的目標而實現的。

15 信念的力量令人驚訝，弗里德瑞克·安德魯從一個弱小、畏縮、畸形、跛腳、只能用手和膝蓋在地上爬行的孩子，長成了一個強壯、挺拔、健康的人，就生動地證明了這一觀點。

16「不，沒有機會了，安德魯太太。我也是這樣失去我的小兒子的，我為他付出了全部可能的力量。我特別研究過這種疾病，我知道他確實沒有好起來的希望了。」「醫生，如果他是您自己的孩子，您會怎樣做？」「我會一直戰鬥、戰鬥，只要孩子一息尚存，我就要戰鬥下去。」弗里德瑞克·安德魯的成長過程是一場持久的消耗戰，也是一場信念與絕望的對抗賽，使他的母親在希望與失望之間不斷地來回穿梭，但是最終的勝利是屬於有堅定信念的人。

17 信念堅韌有力，可以讓所有的醫生們都認為沒有治癒希望的殘疾兒童奇蹟般地生存下來，但是信念也需要鼓勵、安慰，為它加油，因為所有的人都經受不住長期的失望。

18 如果你抱持著「我完整、完美、強大、有力、熱愛、和諧而幸福」的信念，翻來覆去，從不改變。每日早上醒來所說的第一句話，也是每天夜裡睡前所說的最後一句話都是「我完整、完美、強大、有力、熱愛、和諧而幸福」。一遍遍地對自己說這句話，那麼你就真的完整、完美、強大、有力、熱愛、和諧而幸福了。

19 我們常說，生活是一面鏡子，你笑它也笑，你哭它也哭。如果我們付出了愛與健康的想法，它也一定會照此回報我們；但如果我們付出的是恐懼、憂愁、嫉妒、憤怒、憎恨等等的想法，那麼在我們生活之中也一定會看到惡果。

20 如果你想要熊掌，就不要害怕在別人面前肯定地宣布，彰顯你的態度與信念，它將使你受益，你會發現你想要的東西已經在你的手中了。如果你需要什麼，你最好能夠運用這句宣言，這實在是一句極其完美的話。

21 根據一些科學家的研究推斷，所有的人都只有十一個月的年齡，因為人類的肉體每隔十一個月都會重塑一次，十一個月是一個週期。如果我們年復一年地把缺陷植入我們的身體，那可就怪不得別人了，只能從我們自己身上找原因。

22 如果我們的心靈傾向於軟弱、嫉妒、破壞、毀滅，我們就會發現周邊的環境自然摒棄了與我們思想不符的景況，成為我們心靈狀態的映射。相反，如果我們精神中的主要傾向是力量、勇氣、寬厚和同情，那麼環境也一定會照此反映出來。

23 因果法則也可以稱之為引力法則，對這個法則的認知和運用，將決定著一切的開端和結局；這就是世世代代的人們在祈禱中獲得力量的法則。思想是因，境遇是果。思想是創造性的，它將自動與客體相關聯。這就是精神的優勢所在，精神是無處不在、唾手可得的。唯一需要做的，就是認識它的無所不能，並心甘情願地領受它的善意。

心靈訓練 lesson ⑨

如何摒棄一切不良的念頭，而抱持令人振奮的好想法呢？人是自身思想的總和，剛開始可能我們不能阻止壞念頭的侵入，但我們可以不去理會它。拒絕它的唯一方式，就是忘記——這意味著，找一些東西替代它。那句準備好了的宣言，現在就可以派上用場了。不管是辦公室的電腦旁邊，還是在家裡的睡床上，你可以隨時隨地運用它。

光明可以打敗黑暗，溫暖可以戰勝寒冷，善能夠戰勝惡，光明美好的事物一定會讓邪惡自慚形穢，退避三舍。當憤怒、嫉妒、恐懼、焦慮等思想病毒偷偷摸摸地潛進你的腦海時，開始運用你的宣言吧。運用它，照著它去做；把它帶入你靜默的靈魂深處，直至它融入到你的潛意識中，成為你的習慣。

重點回顧

1、幸福的必要條件有哪些？是善行義舉。

2、什麼能產生正確舉動？是正確的思考。

3、商業活動或社會交往的前提條件是什麼？認識真理。

4、真理能為我們帶來什麼？如果行為基於正確的前提，我們能夠很容易地預測出這種行為的結果。

5、行為基於錯誤的前提會導致什麼樣的後果？我們就無法預測隨後可能出現的結果。

6、簡單闡述真理的定義？我們應該認識這樣一個事實，真理是宇宙至關重要的總則，因此無所不在。

7、解決各種問題的祕訣是什麼？是運用精神真理。

8、精神方法的優勢體現在哪些方面？它們總是唾手可得。

9、運用真理的必要條件有哪些？

渴望成為精神力量的慈善行動受益人。

第十課：因果法則

沒有人能輕易獲致成功，生活沒有特別地偏愛誰。任何事情的發生都有一個明確的原因，看到別人成就的同時，也要想想他為之付出的汗水與艱辛。當你如願地贏得了勝利，你也要明瞭自己為什麼會勝利。

原因和結果是直系血親，它們從不分離。有什麼樣的原因就會產生什麼樣的結果。不瞭解事件的因果關係的人經常被自己的感受和情緒牽著鼻子走，而做出錯誤的判斷。一盆鮮花擺在面前，他們會認為花就是花，長得漂亮和埋在土裡的根沒有任何關係，似乎花朵不需要根為其提供養料和水分。遇到問題他們不去分析原因，而是一味地怨天尤人。成功了只顧著慶祝而不總結經驗，失敗了就埋怨別人搶走了他的好運氣。如果缺乏朋友，會說沒有人懂得欣賞他敏感的心靈。這樣的人從來都不去全面地考慮問題。一言以蔽之，他不懂得一切結果都是由某個特定的原因造成的，而是用許多藉口和理由來安慰自己。他所能想到的只有消極地自衛。

學會正確地思考問題，把「凡有果，必有因」的道理銘記於心，學會根據精確的事實制訂計劃。你在任何情況下都能透過把握事件的原因來控制局面。這樣如果經商賠本了，就不會埋怨運氣不好，而是去找經營上的缺失，生意很快就會轉虧為營。即便只是一個名不見經傳的辦公室小職員，也會與集團的CEO一樣成為令人羡慕的對象。

知其然亦知其所以然，輕鬆自由地跟隨真理的腳步。看透每一個問題，並能充分恰當地做好自己應該做到的事。如此收穫到的將是這個世界真情無私的回饋，無論是友情、愛情，還是榮譽、讚許，都會為你帶來極大的愉悅。

1 大自然無比慷慨，向世界上的每一個人敞開它寬廣的胸懷。宇宙的自然法則之一就是富裕充足。千百萬的樹木與花兒，動物、植物和浩大的繁殖體系，創造與再生永恒進行著，這一切，無處不證實著大自然為人類準備了豐富豪奢的供應，大自然的豐盈充裕在萬物中彰顯出來。

2 大自然在一切造物上都毫不吝惜，無時無處不是慷慨、大方、豪奢的。但是遺憾的是，相當一部分人找不到入口，走不進這個堂皇的大門。他們還不能認識一切財富的普遍存在性，也不知道精神是使我們與渴想的事物相聯繫的活動原理。

3 並不是一切的能量都是物質能量，精神能量同樣存在，心理和心靈上的能量同樣存在。

4亨利・德拉蒙德說：「正如我們所知道的，物質世界分為有機物和無機物。礦物世界是無機物的世界，它和動植物世界完全隔絕；往來的通道被打上了封印。這些障礙無法跨越。物質無法改變，環境無法改造，沒有化學、也沒有電，沒有任何形式的能量，也沒有任何種類的變革可以為礦物世界的一個小小原子打上生命的烙印。」

5生命使這個世界生動起來，沒有生命的地球只是一片死寂，所有的一切只有和生命聯繫在一起時才有意義。丁鐸爾說：「我承認，沒有一絲一縷的確鑿證據，可以證明我們今天所能見到的生命是與更早的生命毫不相關的。」赫胥黎也贊成這一觀點，他說過，生源論即生命只能來自生命的信條放諸四海而皆準。如果生命不曾降臨，這些沒有生機的原子沒有被賦予生命的屬性，礦物的世界就永遠只能停留在無機的層面。

6凡是有生長的地方，就一定有生命；凡是有生命的地方，就一定有和諧。因此，所有有生命的物質都在不斷為自己謀取充足的供應和合適的環境，以便盡可能完美地表達自己。大自然的一切，在生長法則中不斷彰顯自己。

7一條無法跨越的鴻溝橫亙在無機物和有機物之間，這時兩者是互不相干的個體，並沒有交集。而生命就像一道橋樑，它溝通了兩個世界。生命開啟了物質的寶庫，如果沒有開啟，就沒有有機體的改變，沒有精神能量，沒有心靈力量，沒有任何種類的進步，能夠使人類進入精神世界的領域。

8生命和非生命之間的聯繫同自然世界與精神世界的聯繫是一樣的。正如植物深入到礦物世界當中，用生命的神祕觸摸這個世界，宇宙精神也是這樣屈身來至人間，賦予人類新奇、陌生、美好，甚至是奇妙的力量。世界上的萬事萬物，方方面面，都是透過這種聯繫取得了驕人的成就的。

9 思想就像一條溝通的樞紐，它讓無限與有限之間保持聯繫，讓個體與宇宙之間保持聯繫。

10 一切環境和境遇都是我們思想的客觀形式，思想只有在精神的溫床上才能茁壯地成長。當一顆思想的種子滲透到宇宙精神不可見的誕育萬物的財富寶庫中，生根發芽，生長規律就開始生效。

11「你決定要做何事，必然給你成就。」其實一切可見的客觀世界中的物體都是出自於不可見的能量的創造。思想是動態能量的重要活動形式，它能夠與客體相聯繫，並使生命能量視覺化，一切事物都是藉著這種規律顯現的。思想作用於無聲之處，但它的成就卻是非常顯著的。

12 宇宙由無數個個體組成，這些個體精神聯繫結合在一起構成了宇宙精神，即宇宙的靈魂。個體化的宇宙精神，用完全相同的方式創造著我們的生存環境。

13 宇宙精神是最具有創造力的，這種創造性的力量，取決於對潛在精神力量或心靈力量的認知。創造力能夠使客觀世界從無到有。

14 宇宙精神在彰顯自己的力量，宇宙精神值得信賴，它能夠尋找到實現一切需要的

途徑。而我們並沒有做什麼，只不過是遵從這個規律，而使一切發生的，則是那誕育萬物的精神，一切力量來自精神。

15 作為個體的我們，唯一的使命就是創造完美無缺的理想。

16 精神就像電一樣，既實用又危險。如果你可以合理地掌控並運用這種看不見的力量，它將透過成千上萬種方式為我們的幸福和舒適服務，照亮我們的整個世界。但是如果你不瞭解它，駕馭不了它，有意或無意地違反了電的規律，在未曾絕緣的情況下觸碰了火線，帶來的後果很可能是毀滅。對於許許多多的人來說，他們的苦難正是由此而來。

17 要時刻提醒自己與精神世界的法則保持和諧一致，前提是一定要瞭解這個法則是什麼，否則就不能與這個法則保持同步。

18 如果我們盡可能地讓自己的思想與自然的創造性準則保持和諧，那麼就會與「無限精神」步調一致了，如此我們就走上了成功的快車道，事半功倍。但是，你很有可能有些想法與「無限能量」並不和諧，那麼我們就會產生內耗，就會遲滯，所以一定要及時清除這些不和諧因素。

19 和諧能提高效率，實現共同進步，而對抗則產生內耗，這是很淺顯的道理。就如同和諧的樂曲能讓人心情愉悅，而不和諧的音符則異常刺耳。建設性的思想必定是創造性的，而創造性的思想必定是和諧的，這些會代替那些破壞性的或競爭性的思想。

20 智慧、勇氣和一切和諧的景況都是力量的結果，而我們知道一切力量都是由內而生。同樣，一切軟弱、匱乏、局限和種種不利的境遇都是軟弱的後果，而軟弱無非出自於力量的缺乏。開發力量的方式與開發別的能力的方式一樣，都是經過練習。

21 天上不會掉餡餅，世上也沒有免費的午餐。確定一個具體的目標的意念，以及執行目標的意志力，並使它付諸實踐。當這個法則暢通無阻地運行，你將發現你所尋求的東西會找上門來。

心靈訓練 lesson ⑩

在一面空白的牆壁前坐下，在意念中畫一條大約六英寸的黑色的水平線，試著看清這條線，如同它畫在牆上一樣。然後，再用意念畫出兩條垂直的線，與前面的那條水平線的兩端相連。接著再畫一條水平線，把這兩條垂直的線連接起來。這樣就形成了一個正方形。試著看清楚這個正方形；看清以後，在正方形中畫一個圓；在圓心畫一個點，然後把圓心的點向你自己的方向拉近十英寸。現在，你在一個正方形的底面上做成了一個圓錐；你應該能記住這個圓錐是黑色的；再把它變成紅色、白色、黃色。如果你能夠做到，你已經取得了很了不起的進步。

其實我們這樣做的目的是為了鍛鍊我們的注意力，如此過不了多久，你就能夠做到在心中所想的任何一件事情上全神貫注、集中心神了。如果一個目標或對象已經在思想中非常清楚地成形，那麼實現它的日子就近了。

重點回顧

1、財富是什麼？
財富是力量的產物。

2、財產有哪些價值？
只有當財產能賦予力量的時候，它才有它的價值。

3、知道「因與果」的道理有什麼好處？
它使人能夠大膽、無懼地制訂並執行計劃。

4、生命是如何在無機世界中誕生的？
只有借助某種生命形態的介入。捨此別無它途。

5、有限和無限之間的聯繫是什麼？
二者靠思想產生關聯。

6、為什麼是這樣呢？

因為宇宙只有透過個體的人來彰顯自己。

7、什麼是建立因果關係的基礎？

建立在正負兩極關係的基礎上，好比一段閉合的電路，宇宙是生命蓄電池的正極，個人是負極，思想形成迴路。

8、為什麼許多人在生活之中無法保證境遇的和諧？

他們不懂得這一法則，在他們的生命中沒有正負兩極，電路沒有閉合。

9、如何做到和諧？

要充分的認知引力法則，在某一特定的目標中有目的地將它付諸實踐。

10、結果會怎樣？

思想將與其目標物建立關聯，並讓目標物得以彰顯，因為思想是人精神的產物，而精神是整個宇宙的創造原理。

第十二課：萬事萬物都有規律可循

人的一生似乎很漫長，其實不過是由一長串的因果關係鏈組成的。不管是哪一個「果」，都會有相應的「因」。而原本的「果」，反過來又成了「因」，從而導致其他的「果」，而這些「果」又成了另外的「因」。

在自然界和社會中，各種現象間是普遍聯繫的，因果聯繫是現象之間普遍聯繫的表現形式之一。因果聯繫是普遍的和必然的聯繫，沒有一個現象不是由一定的原因引發的；而當原因和一切必要條件都存在時，結果就必然產生。所謂原因，指的是產生某一現象並先於某一現象的現象；所謂結果，指的是原因發生作用的後果。原因與結果具有時間上的先後關係，但具有時間先後關係的現象並非都是因果關係；除了時間的先後關係之外，因果關係還必須具備一個條件，即結果是由於原因的作用所引起的。

因果關係鏈環環相扣，如果中間的某一環節出現問題，整個鍊條就會斷開，無法運行。掌握了因果關係並正確地利用它，你將會受益無窮，反之必受其累。

「我現在的生活真是太慘了，這並不是我自己想要的結果，因為我從來也不想看到這樣的結果。」這正是因果關係鏈脫節的人發出的抱怨，這是因為他們沒有認識到，自己心中的想法不僅不會帶來某種友誼和交往，還會影響到一些境遇和環境，所有這些，反過來又會成為我們對現狀產生抱怨的緣由。

1 歸納法是人類最偉大的發明之一，它是藉著對事實的比較得出結論。正是運用這種研究方法，把很多獨立的例證進行相互的比較，然後從中找出引發它們的共同原因，人類才得以發現了大自然中的許多規律，也正是這些發現，造就了人類歷史上劃時代的進步。簡而言之，歸納推理是一種客觀思維的過程。

2 歸納推理有兩個要點：一是比較，二是找共同點，掌握了這兩點就可以得心應手地運用這一方法了。

3 歸納法以規律、理性、確定性替代並消除了人類生活中變幻莫測的成分，它能夠使我們避開愚昧迷信布下的圈套，走進智慧的領地。

4 歸納法就像一個盡忠職守的守門員，絕對不會讓虛假、混亂的表象進入我們的思想，混淆視聽。

5 歸納法不僅可以使人類大跨步地前進，也有助於我們集中並增強我們的能力，獲得那些尚待擷取的成果；更有助於我們透過運用精神最純粹的形式，找到解決個人和宇宙一切問題的答案。

6在這個地球上的每一個文明國家中，人們都是靠著某些過程來獲取結果，但他們自己卻知其然而不知其所以然，因而常常為這些結果附加一些神話色彩。我們找出原因的目的，就是要探求使結果能夠得到實現的規律。

7有些人似乎有著被上帝親吻過的好運氣，在他人需要艱苦跋涉也不能達到的目標時，他們毫不費力地達到了。他們從來不需要進行良心的交戰，因為他們總是走在正路上；他們的行為舉止總是恰當得體；他們無論學習什麼都是輕而易舉；他們無論開始做什麼，總能窺其堂奧，輕鬆完成；他們和自身保持著永恒的和諧，從不需要反思自己的作為，也不需要經受困難或辛勞所帶來的考驗。其實這並不是什麼命運，只不過是因為他們掌握了歸納推理這種方法的精髓。

8歸納法所向無敵，但它從不輕易降臨。人的心智只有在合適的條件下才能擁有這種神奇的力量，它可以被利用並引導來幫助解決人類的一切問題，認識這種力量，明白這樣的事實，有著極其重要的意義。

9我們生存的環境按照我們所熟悉的規律有條不紊地運行著：太陽從東方升起，西方落下；地球在繞著太陽公轉的同時進行著自轉；春天花開，夏天結果，秋天落葉，冬天飄雪；水在不同的溫度下可以有固態、液態和氣態三種形式……浩瀚宇宙的每一個角落，都充滿著力量、生命，不斷運動，秩序井然，令人驚奇。

10同性相斥，異性相吸，酸鹼中和，供需互補，這是大自然的法則。人類也可以借鑒，人與人之間，力與力之間總是相互保持著一定的距離，而具備不同才能的人也是可以相互吸引，相互配合。

11 需求、嚮往與渴望引導著人們的視線，人的眼睛搜尋並滿意地接收的都是他想要得到的東西。人們能夠在礦石中找到金子，在茫茫大海中找到珍珠，就是因為這些都是他們需要的。

12 考古學家能夠根據一塊碎陶片還原出整個容器的模樣，部分和整體需要互相匹配，是相互聯繫的，並具有統一性，整體的屬性在部分中也有所呈現。我們能夠認識到這些，實在是莫大的幸運。因為世界很廣大，而我們的視野卻很有限，我們只能管中窺豹，透過個體來瞭解整個社會。

13 當天王星的運動軌道出現偏離，打亂了太陽系的秩序，而海王星就在預定的時間和地點出現了，冥冥中似乎有神的安排，其實這個神就是規律。所有的事物都有規律可循。

14 動物趨利避害是出於本能，人類學習和思考是出於理性。哪裡有「存在」的想法，哪裡就有「存在」的事實。

15 阿基米德說：「給我一個支點和一根足夠長的槓桿，我可以撐起地球。」在風雲變幻的今日，借助飛速發展的科學，我們可以握住那根撐住地球的槓桿，我們的意識同外在世界有著如此緊密、多變、深切的聯繫，我們的目的、願望也和整個宏大的宇宙結構相吻合。我們是宇宙中的個體，我們同宇宙是統一的。

16我們所有的人都是大自然共和國的公民，我們個人的利益的總和就是這個國度的整體利益。個人利益被國家的武器所保護。個人需求的供給，在某種程度上取決於這些需求是否能夠被普遍地、有規則地感覺到。大自然就可將人與外部世界之間相互作用所需的工作能力合理分配，以實現創造者的意圖。這裡我們要強調的是和諧與統一，個體與整體挑戰的後果只有滅亡。

17每個人心中都有渴望，每個人腦海中都有一幅美麗絕倫的畫卷。柏拉圖透過歸納法想像出一百幅類似的畫面，在他的腦海中出現這樣的一片樂土：一切人工的、機械的工作和重複性工作都分派給大自然的力量去完成。

18不管理想看來有多麼遙遠，它一直用種種恩惠環繞著人們，這些恩惠同時也是對過往忠誠的報酬，對未來勤懇耕耘的激勵。我們的願望只需要我們意念靈動，加以精神的運作就可以完成；一切供應都由需求創造出來，你越渴望，它實現得就越快。

19古代的人們總是羨慕鳥兒的翅膀，總是想像自己也能在藍天上飛翔，這在當時無異於癡人說夢。但是在幾千年後的今天，這一理想實現了。千萬不要把遠大的理想貶低成異想天開，因為許多理念都會成為現實。為了實現你所尋求的夢想，就要相信這些夢想已經實現。

20理想代表著一種決心、一種態度。當你的心中產生某個理想時，伴隨著它產生的是你為之努力、付出艱辛的決心和態度。

21 理想並不是水中月、鏡中花，它是實實在在的，靠著努力可以達到的。把一顆種子種在土壤中，只要不打擾它，它就會發芽長大，結出果實。把我們渴想的某一件特定的事物，作為一個已經存在的事實，讓它在宇宙主觀精神上留下印記。我們首先要相信，我們的渴望已經實現，接下來的就必然是看到它的實現。這樣，我們就可以在絕對的層面上進行思考，排除很多相對的條件或限制。

22 無論是出自美國人之口，還是出自日本人之口；無論是寫在書本上，還是用口語闡述，真理的意義都不會變，本質都是相同的。只要對這些論述加以分析，就會發現其中都包含著相同的真理。唯一的差異就是表達方式的不同。

23 沒有任何單一的人類公式可以表述真理的每一個層面，真理應該用一種新的、與以往不同的方式告訴每一個時代的每一個人。真理與人類的需求之間正在建立新的關係，而這種關係漸漸被理解並獲得普遍的認知。

24 現在是一個快節奏的社會，新事物迅速生長，舊事物也急劇消亡，我們正處在一個新舊交替的十字路口。新型社會秩序的道路已經鋪好，所有的一切都在為新的秩序掃清道路。社會的新陳代謝，比迄今為止人們所夢想的所有事情都更加神奇。

25 新的社會運動的巨大能量摧毀了傳統中陳舊腐朽的一面，將精華部分保存了下來。每一種新的信仰的誕生，都呼喚著新的表達形式，這種信仰正是藉著對能量表現的深層領會，讓它在各個層面的精神活動中展現出來。

26宇宙精神大而無形，所有的事物中都有它的影子。它於礦物質中休眠、於植物菜蔬中吐納、於動物體內運行，達到人類心靈巔峰。它將天下萬物聯繫起來，它使我們得以跨越理論和實踐的鴻溝，飛渡行動與目標的天塹，鞏固了我們的統治能力，使我們成為自己的主宰。

27思想的力量是如此強大，它不甘於被埋沒和漠視，它要在我們的生活中做主角。思想的力量的重要性在各個研究領域中也正在突顯出來，我們因為這一發現而受益匪淺。

28思想是處於啟動狀態的，它不斷地改變，不停地創造，它是富有智慧的創造力。思想的創造力是由創造性的理念構成的。這些理念以發明、觀察、應用、鑒別、發現、分析、控制、管理、綜合等手段，運用物質和力量，使自身客觀化。

29越靠近思想的核心，思想的熱力也就越強；思考自身不斷完善和昇華，經過了真理的各項嚴格的檢驗，過去、現在、未來，都將融為莊嚴和諧的整體，進入了永恒之光的所在，這就是智慧。

30智慧是思想的最高形式，智慧誕生於理性的破曉，在這個自我沉思的過程中，誕生的將是智慧創造性的啟示，這種啟示高於一切元素、力量或是自然法則。智慧，是闡明的理性，智慧引導人走向謙卑，因為謙卑是智慧之大成。智慧能夠領悟、改造、治理，按照自己的終極目的應用一切，主宰一切，因為智慧天生就有領導才能。

31 生活中有許多令我們驚奇的事，有許多無堅不摧的力量令我們驚歎。許多人取得了看似不可能的成功，有許多人實現了自己一生渴求的夢想，許多人改變了一切，包括他自身。然而這一切並不神奇，只不過是世界的自然法則而已，如果能合理地運用它，我們也是令人驚奇的對象。

心靈訓練 lesson ⑪

我們所一再強調的就是信念，堅定的信念。「凡你們禱告祈求的，無論是什麼，只要相信得到的，就必得到。」唯一限制我們的是我們自己思考的能力，適應一切場合、一切情況的能力，要記住信心不是縹緲的影蹤，而是確實的存在。想到就能做到，這是我們的口號，也是我們的宣言。

重點回顧 ➤➤➤

1、歸納推理如何解釋？

歸納推理是一種客觀思考的過程，把很多獨立的例證進行相互的比較，然後找出引發它們的共同原因。

2、歸納導致了什麼樣的結果？

發現了人類進步史上劃時代的統治法則。

3、什麼主導並決定人的行為舉動？

是需求、期望和渴求；這些在最大程度上促使、引導並決定著人的行為。

4、解決一切個人問題的基本的公式是什麼？

我們要相信我們所渴求的已經實現；接下來的就是看到它的實現。

5、有哪些偉大的傳道者支持過信念的觀點？

耶穌、柏拉圖、斯韋登伯格。

6、信念能夠產生什麼？

我們的想法就像在土地上播種，如果讓種子安靜地生長，它一定會生根發芽、開花結果。

7、為什麼從科學的意義上來講是正確的？

因為它就是自然規律。

8、信念是什麼？

「信是所望之事的實底，是未見之事的確據。」

9、引力法則是什麼？

引力法則就是讓信念成為確據的法則。

10、你認為這項法則的重要性有多大？

它消除了人類生命中變幻莫測、反覆無常的成分，代之以規律、理性和確定性。

第十二課：集中你的能量，專注你的思考

知識是死的，沒有生命力，它不會應用自己。在沒有人的參與下，知識與荒廢的土地一樣，不具備任何作用，也產生不了什麼價值。只有人類個體將其付諸應用，知識才能發光，煥發出青春。而應用，就在於用充滿生機的目標去澆灌思想之花，使之豐饒。所以，有思想的人是主體，而知識只不過是一個工具。

很多人終日奔波，一生都在忙碌中度過。他們手忙腳亂，身心疲憊，但卻沒有任何成就。這是因為他們的努力漫無方向，浪費了大量的時間、想法、精力，所做的都是徒勞。可是如果他們朝著願景中的某些特定的目標努力的話，結果就會截然不同，可能會創造出奇蹟。這就是專注的作用。

專注是一種至高的境界，心無旁騖地做一件事情。為了做到這一點，你必須集中你的精神能量，定位在某一特定的想法上，排除一切雜念的干擾。如果你曾經觀察過攝影機的反光鏡，你就會知道假如不對準鏡頭，物體產生的影像就會模糊不清，而當你調整好焦距，圖像就會變得清晰明朗起來。這說明了集中精神所具有的力量。如果你不能把精力集中在你所期待的目標上，你只能得到一個朦朧曖昧、模糊不清的理想輪廓，其結果與你的精神圖景相一致。

如果你專注於這些思考，把你的注意力全部投入在上面，這會引發你的另外一些與它們相和諧的想法，你很快就能領會到你所關注的這種思想的深刻意義。專注能提高效率，專注能使目標明確，專注成就非凡。

1 宇宙是無限的，人的思考力是無限的，因而創造力也是無限的。科學地把握思想的創造性力量，生活中的任何目標都可以得到完美的實現。

2 恐懼、焦慮、氣餒等消極的情緒具有強大的思想能量，它們總是襲擊我們，讓我們與渴望的東西漸行漸遠，常常使我們進一步、退兩步。這種優柔寡斷、消極負面的思想，其後果常常表現在物質財富的損失上。而唯一可以讓我們避免後退的方法就是不斷前進。

3 思考力是人所共有的，這是我們頭腦的本能。思想為其客體而生，最終拉近我們與客體之間的距離。

4 理想之所以稱為理想是因為它具有穩定性和確定性。理想不是衣服，可以今天一件，明天換一件，後天還要換。如此頻繁的更改只會耗散了你的力量，讓一切變得混亂不堪、毫無意義，後果必將一無所成。

5 雕塑家得到一塊上好的大理石，他想雕一座宙斯的神像，然而還沒雕出輪廓，他又想雕一個美女，剛鑿幾下他又想不如換成植物，如此不停地更改，那結果會怎樣呢？他什麼也沒有雕成，而上好的原料卻浪費掉了。

6 你或許會認為金錢和財產是世界上最可靠的東西，擁有了它就擁有了穩定。然而，金山會在瞬間崩塌，財富也會在一夜間化為烏有。世界上唯一可以依靠的，就是對思想創造力的實際運用，雖然思想看不到摸不著，但它確實是最值得依靠的。

7 我們無法改變「無限」的存在，只能藉著調整自己的思考力以適應無所不在的宇宙思想。我們所能擁有的、唯一真實的力量，就是調整自己，使之與神聖的永恒原則協調。這種與全能力量協調合作的能力，預示著你的未來將會取得怎樣的成就。

8 只有當你懂得了這一點，實際應用的方法才會被你所掌握。作為回報，你會清楚地認識到你擁有這樣的能力。

9 我們常常將一時的衝動、固執、莽撞等錯認為是思想的力量，其實這些只是魚目混珠的贋品，它們或多或少能產生成功的假象，讓人迷醉一時，但它們所帶來的後果，非但無益，反而有害，甚至會讓人迷失了目標。

10 比較於焦慮、恐懼等等一切負面的想法，我們何不以積極向上的信念取代，因為產生的後果也是各從其類；那些抱持消極、悲觀想法的人們，最終會慘收自己種下的惡果，而樂觀的人卻在對面盤點他們收穫的成功與歡樂。

11 迷信於鬼神的人整日沉醉在毒害作用很深的精神世界的潮流中。他們不明白這是一種讓他們變得消極、被動、屈服的力量，這種力量讓他們沉迷於這種思想形式，並最終將使他們精神耗盡，元氣大傷。他們至死也不明白正是他們的信仰消耗了他們的生命。

12 另外還有一些人，他們確實努力地進取，他們也看到了一種力量之源。但是他們卻沒能堅持到底，一旦意念消褪，它的形式也隨之而凋零，充斥其中的能量，轉瞬間就消失得無影無蹤。一句話，他們失之於堅持。

13 意念的感染性極強，如果意圖明確，這種意念也會傳遞出去，影響和帶動周圍的人，形成一個強而有力的團體，那時就不是一個人孤軍奮戰了，奔向目標的腳步也變得輕快起來。

14 只有愚蠢的人才會想要控制他人的意志，因為要想向他們宣傳虛假，首先要先讓自己信以為真。這如同催眠術對受催眠者來說和施術者同樣具有作用，所有這些曲解，都有其暫時性的滿足，甚至有一定的迷惑力，施術者將逐漸地喪失他自己的力量，掉進自己挖的陷阱。

15 精神力量永恒存在，而不是過眼雲煙，稍縱即逝。它是實際存在的創造性力量，蘊藏著無限的魅力，借助這種力量，我們可以為自己創造新的環境和際遇。它不僅能起到補救的功效，彌補以往錯誤思維的結果，也能產生預防的作用，保護我們免受種種形態、種種樣式的危險的侵害。對精神力量的真正領悟，會隨著對它的使用而不斷增長，因為精神力量的魅力令人折服。

16精神與物質相聯繫，思想與其客體相關聯，在精神世界中思考或產生出的東西，在物質世界中都會一一對應地實現。精神是真實的，每一種思想都有與生俱來的「真」的萌芽，因此它在物質世界裡有落腳處。

17愛是一個永恒的基本法則，在萬物之中，在一切哲學體系、一切宗教、一切科學中，它都是與生俱來的。一切都離不開愛的法則。它是一種賦予思想以活力的情感。情感就是渴望，而渴望就是愛。在愛中孕育而生的思想，生長規律才能把「善」注入到外部顯現中，因為只有善才能賦予永恒的力量，才會所向披靡、戰無不勝。愛的法則是一切現象背後的創造性力量，創造了整個世界、整個宇宙，以及想像力能夠賦予形態和觀念的萬事萬物。

18愛的法則十分有力，它能夠吸引整個宇宙中的一切，小到一個原子、分子，大到整個世界乃至整個宇宙。

19我們發現，宇宙精神不僅僅是智慧，也是物質，這種物質是一種吸引力，正是透過這個奇異的引力法則的運行，賦予思想以動態力量、使之與其客體相關聯，使世世代代的人類相信，一定有什麼人格化的存在，可以對人們的祈求和心願做出回應，掌控著大小事件，以應允人們的需求。

20思想在愛中孕育而生，思想的力量可以強化愛的法則。思想和愛這兩位大力士強力的聯手就所向無敵了，形成了不可抗拒的力量，這種力量就是引力法則。我們應該知道自己對這個法則的瞭解還有欠缺，就像在一個數學難題中，我們並不總是能很迅速、很容易地得出正確答案，但是我們沒有放棄，我們一直在努力。

21 世界上的任何事物都是先有「神」後有「形」，事物都是先在精神世界或心靈世界中被創造出來，然後才在外在的行為或事件中出現，只有神形兼備才能完整。

22 為什麼我們很難接受或認可一種全新理念呢？我們懷疑、牴觸是因為我們的大腦中，如果沒有腦細胞和一種全新的理念發生共鳴，人的思想就肯定不會接受這種理念。這就是其中的原因，因為我們的大腦中沒有能接收這種信號的細胞。

23 也許，你尚未瞭解引力法則的全能力量，不瞭解它如何運行的科學方法，或者，你還不知道無限可能性的大門敞開著，那麼，從現在開始吧，創造出需要的腦細胞，讓你自己體會到這種無限的力量。只要你與自然法則協調一致，這種力量就會屬於你。要把引力法則落實在行動上，而要做到這一點，你必須以專注心神或集中意念來達成。

24 意圖控制著注意力。控制思想力量的簡單過程，幫助我們創造了將要發生在我們未來生活中的事件。經過集中意念，深邃的思想、睿智的談吐和一切至高的潛力都可以淋漓盡致地發揮出來。

25 假如你能和潛意識中無所不能的力量建立密切的聯繫，那麼一切力量都將從這裡發展出來，給你無窮的動力。

26 粗心大意的人可能會認為，「安靜」非常簡單而且容易實現。然而安靜指的不是外部環境，而是人的內心。渴望智慧、力量或者任何不朽成就的人，都會在內在世界中找到這些。內在世界會不斷為你揭示各式各樣的奧祕。但是要記住，只有在絕對安靜的狀態下，才能夠觸摸到神祇本身，才能領悟到永恒不變的法則。

心靈訓練 lesson ⑫

還是走進同一間屋子，坐在椅子上，保持和先前同樣的姿勢。一定要放鬆，讓心靈和肉體都保持自然的狀態，絕對不要在壓力下進行任何的精神注意，神經和肌肉都保持放鬆的狀態，讓自己感覺舒適。現在，要意識到自己與全能的力量是和諧一致的，認識到宇宙能力將滿足你所有的要求；認識到你與任何人已有的或將有的潛力完全不相上下，因為任何個體都不過是宇宙整體的彰顯或表達，全都是整體的組成部分，在種類和性質上並無不同，差異僅僅在於程度不同而已。運用一年時間集中和堅持不懈地練習，你就會為自己打開通往完美的大門。

重點回顧

1、如何完美地實現生活的目標？

透過準確地理解思想的精神實質。

2、絕對必要的三個步驟是什麼？

首先，要瞭解你的力量；第二，要有挑戰的勇氣；第三，要有去做的信心。

3、如何獲取實際而有效的知識？

藉由理解自然法則。

4、理解這些自然法則會得到什麼樣的回報？

理解這些自然法則，就能自覺地意識到自身的能力，以便適時調整我們自身思維。

5、怎樣看待我們的收穫或是成功的程度？

看看我們自己是不是認識到這個道理：我們不能改變「無限」，只能與它合作。

6、賦予思想以動態力量的法則是什麼？

是引力法則，引力法則建立在愛的法則之上。在愛中孕育而生的思想是戰無不勝的。

7、為什麼這一法則顛撲不破？

因為它是自然規律。一切的自然規律都是顛撲不破、永不改變的。

8、為什麼有時我們會在生活中遇見一些棘手的問題？

就如同我們做數學題時有時會遇到困難一樣。做習題的人沒有經驗或是沒有學過此類知識。

9、為什麼我們的心智無法領會一種全新的觀點？

因為在我們的頭腦中沒有共鳴的腦細胞接受相應的資訊。

10、如何獲取智慧？

透過集中精神；集中精神將為你開啟智慧之門，智慧是來源於內在的。

第十三課：做有益的精神付出

造型別致的雪梨歌劇院，古樸典雅的巴黎聖母院都是由聰明睿智、富有創意的建築師設計建造的。雖然他們如今不在了，但是他們的作品令後世景仰，他們的名字載入史冊。夢想也是偉大的建築師，甚至更偉大。夢想潛藏在人們的靈魂中，它們透過懷疑的薄霧和紗幕，貫穿未來時間的牆垣。它們是帝國的創始人，他們為之奮戰的一切比皇冠更加寶貴，比寶座更加高不可攀。

在美輪美奐的夢想國土，牆垣上繪著夢想家靈魂中的幻影。裝甲的車輪、鋼筋的履跡，哪怕一顆小小的螺絲釘，都是夢想用來織造神奇掛毯的織梭，一切為夢想所支配。夢想是一種精神作用，它總是先於行動和事件。牆垣崩塌了，帝國傾倒了，大海的潮汐漲落，撕裂了岩石堅硬的壁壘。時光的樹幹上不斷有腐朽的王國枯萎落下，唯有夢想家親手締造的一切存留下來，亙古不變。

物理科學帶我們走進了這個發明創造的神奇時代，精神科學眼下正在揚帆啟航，夢想家一顯身手的日子到了，他們可以發揮出全部聰明才智，令世界完美，令精神中形成的圖景最終成為我們自己所擁有的現實，使我們生活在夢境一般的現實中。

1 藉著對罕見、特殊的事件進行概括，做出對日常事件的解釋是科學發展的趨勢，也是社會進步的需要。就如同有了指南的磁針，引導著科學的全部發現。

2 地球內部的熱能運動引起了火山爆發，閃電揭示了一種常常在改變著無機世界的微妙能量。藉著對這些偶然現象進行概括，我們可以得出這樣的結論：因為地球內部的熱能運動才讓地球表面形成了現在的樣子，閃電將電能帶入我們的生活。

3 考古學家在西伯利亞發現的一顆巨齒，記錄著過往歲月的變遷；地質學家在地球深處發現的一塊化石，向我們昭示著今天居住在其中的山陵河谷的起源。

4 歸納法是建立在推理和經驗基礎上的科學方法，它破除了迷信、常規與先例。歸納法像手術刀一樣切掉了人們頭腦中狹隘的偏見、根深柢固的理論，比使用最鋒利的諷喻更加卓有成效。

5 科技的進步和生活水準的提高，大多歸功於歸納法成功地把人們的目光從虛無縹渺的天際之處帶回現實世界，透過令人吃驚的實驗，而不是強而有力地批駁人們的無知；透過把最新有用的發現公布於眾，而不是靠對那些我們頭腦中固有的理念夸夸其談。三百多年前培根動爵就向世人大力推薦這種歸納法，因為這種方法培養了他發明創造的本領。

6 無論是無垠的文學空間，還是嚴謹的數學國度，不管是包含內涵廣闊的社會學，還是細緻入微的細胞學。所有的科學領域裡都有歸納法留下的足跡，在新時代所賦予的新的觀察手段下這種方法也不會過時，照樣行之有效。這就是歸納法的真正本質和範圍。

7脈搏每分鐘跳動七十下，這種規律是經過歸納和推理得出的。人的壽命延長了，是因為破壞人類健康的疾病被一一克服了；土地裡的出產量增加了，是因為人們摸清了植物的生長規律；外出旅行更加方便快捷了，是因為交通工具更先進了。古人認為無法逾越的大江大河兩岸可以溝通了，光明驅走黑暗，人類的視野被大大地拓寬，人們可以放心大膽地潛入大海深處的那些幽深的地球的穴洞裡，可以自由地在高高的天空上遨遊，現在沒有什麼事能阻擋我們了。

8利用一切的手段和資源，細緻、耐心、正確地觀察個體的事例，是實施歸納法的前提。人類科學的成就越是卓越，我們就越是應該對這些例證和教導心領神會，從而得出普遍規律的結論。

9富蘭克林為了探知閃電的原理和電動機上出現火花的原因，他勇敢地在電閃雷鳴的大雨中放風箏；牛頓為了弄清蘋果為什麼會落在地上而不飛到天上這個問題，他反覆地實驗和思索。他們都是我們學習的榜樣。

10我們不能只注意自己希望看到的事物，而忽視那些我們不願意見到的東西。科學這個上層建築很雄偉，它需要扎根在寬闊穩固的基礎上。基於我們對普遍、穩定的進步的期盼，基於我們所認定的真理的價值，我們不允許暴虐的偏見讓我們忽視或毀傷那些不受歡迎的事實。因為那些重要性壓倒一切的事實，也正是那些日常生活中不易觀察到的現象。

11 在這個多元化的社會，充斥著大量的、繁雜的資訊。千萬不要對此感到迷惑和厭煩，因為大量事實對於解釋自然規律來說，意義價值各不相同。透過觀察，我們可以收集越來越多的資料，然而再用歸納法對一切事實進行篩選。

12 我們所生存的星球如此廣闊，經常有一些奇怪的、令人無法理解的現象發生。如果我們被嚇得退縮，說這些是超自然現象干預的結果，那麼這些現象對我們來說就永遠是個謎。如果我們利用思想的創造力去探究，就會發現其實所有的異常現象都可以用科學來解釋。對自然法則的科學理解會讓我們明白，沒有任何事情是超自然的現象。

13 因果關係原理在任何情況、任何領域都適用，一切現象的發生都有它們的原因，而這種原因一定是某種固定的法則或原理，不管我們承不承認，其必然是精密準確、始終如一的。

14 為了更容易地發現事物運行的基本規律，我們應該細心思考任何一件引起我們注意的事實。我們會發現，不管是物質的、精神的，還是心靈的，思想的創造力能夠解釋一切的經歷或際遇。

15 在科學的廣闊國土上，我們可以隨心所欲地探險，沒有不允許進入的「禁地」，也沒有什麼東西是我們不應該知道的。雖然提出新的理念或許會遇到反對，但這種反對聲音是不值一提的。哥倫布、達爾文、伽利略、布魯諾都經歷了這樣的冷嘲熱諷甚至殘酷迫害，但是他們的學說和觀點最終還是被世人接受認可，奉為真理。

16 思想是精神狀態的領導，有什麼的思想就會產生與之相適應的精神狀態。如果我們對疾病恐懼，疾病就會成為這種念頭的必然結果。這種思想形式會使多年的辛苦努力付諸東流，健康就會離我們遠去。

17 俗話說境由心生，把意念集中在需要的情境上，就會引發這種情境，再付出適當的努力，就會推動這種情境。最終，有助於我們實現自己夢想的際遇。如果你希望自己成為一個富翁，你就是以此為目標，你就會成為一個真正的富翁。

18 幸福與和諧是所有人的夢想，是我們全人類的夢想，也是每一個人嚮往追求的。共同的夢想把我們聯繫在一起。如果我們能夠使其他人幸福快樂，我們自己才能感覺到真正的幸福。

19 健康、力量、知己好友、令人開懷的際遇，這是世界送給我們的禮物，把握這個世界所能給予我們的一切，我們就獲取了真正的幸福。

20 宇宙精神是最偉大的創造者，是一切物質的起源。我們被賦予了天地萬物間最好的一切，只要我們有願望、有渴求，就能實現所有的夢想。

21 一切的實現都來源於實踐。如果讓一個孩子讀很多關於描述獅子的書籍，卻不讓他接觸真正的獅子，那麼有一天可能他與獅子面對面也不會躲避了，因為他不知道自己遇到的就是書本上說的可以吃人的野獸。

22思想是因，境遇是果。因此，只要付出各種有益的思想，如勇氣、激情、健康，相應的結果一定會出現。自然法則很公平合理，每個人的收穫完全與他的付出成正比。付出不過是一個精神過程，而收穫卻是實實在在的。

23思想是精神世界中最活躍、最有創造性的一份子，但是如果不受到有意識的、系統化的、建設性的引導，就不能有任何創造。這就是空想和建設性思想的差距，空想只是蹉跎光陰，浪費精力，而建設性思想它意味著創新和創造，意味著成功。

24降臨到我們身上的一切遭遇，都遵循著引力法則。快樂的意識相互吸引，卻極力排擠不快樂的念頭。因此，為了適應新的情形之下新的需求，意識必須發生變化，當意識發生改變的時候，一切情景都會適應變化了的意識而逐步改觀。

25宇宙物質是無所不在、無所不能、無所不知的。透過認知宇宙精神的無限能量和無限智慧，我們可以最好地維護我們的利益。透過這種方式，我們就可以用無限的宇宙精神實現我們的願望。

我們這一週的功課就是，認識到個體是整體的一部分，在本質和屬性上都完全相同，自我是偉大整體的不可分割的組成部分，在實質、種類和性質上，創造者所給與你的與他本身毫無二致，唯一可能存在的差異是程度上的差異。

重點回顧▶▶▶

1、自然哲學家獲取知識、應用知識的方法是什麼？

仔細、耐心、精確地觀察個體的事實，利用手邊的全部資源和各種手段，在這些基礎上大膽提出普遍法則的論述。

2、我們何以確信這種方法的正確性呢？

不要讓偏見佔據我們的內心，也不要忽視那些不受歡迎的事實。

3、哪一類的事實需要格外加以重視？

那些無法藉由日常生活中的觀察做出解釋的事實。

4、這種理論的依據是什麼？

是經驗和推理。

5、這種方法論將摧毀什麼？

它將摧毀迷信、先例和傳統。

6、這些法則是如何發現的？

透過對那些少見的、陌生的、不尋常的事實進行概括總結。

7、我們如何對那些稀奇的、迄今為止無法理解的現象尋求解釋呢？

運用思想的創造力。

8、為什麼要這樣呢？

因為當我們瞭解一件事實的時候，我們可以肯定，它是某個明確原因的結果，而這個原因一定是非常精確地運行的。

9、這種認知的結果是什麼？

可以解釋一切可能出現的境況的因由，不管是物質的還是心智的或精神的。

10、我們怎樣才能獲取最大的利益？

我們要認清這樣的事實：對於思想創造性本質的認知將使我們與「無限」的力量建立起聯繫。

第十四課：保護你的思想領域

至今，從不斷的學習過程中我們已逐漸瞭解，思想本質上是一種高級的精神活動，它使人類本身具備了超乎想像的創造能力，且這種創造力並不僅僅局限於部分的思想，它是全部思想的共同結果。因此，當這個法則被安置在「拒絕、否定」的心理過程之中，必定會給我們帶來更多非積極因素的引導或影響。

人的行為與精神的聯結要透過兩個階段，即顯意識和潛意識。潛意識與顯意識之間的關係非常的近似於我們平素所見的風向球與天氣的關係。風向球可以簡單、準確地表現出大氣某時某刻所發生的細微變化。同理，人的潛意識與顯意識行為也是這種非常類似的關係。當顯意識出現變化時，潛意識也向相同的趨勢發展、變化。它們在人的心理感受上所造成的影響會極其相似，無論從影響的深度還是強度來講皆是如此。

因此，當我們面對那些令人憤懣、沮喪、失望等負面情緒時，會因此而抗拒或否認，這時我們就會把思想中的創造力不知覺地抽離出來，並從此使它們從我們的思想中消失殆盡，並且創造力也將很難再次被激發或煥發新生。

我們可以相信：人類自身的思維本身絕對地控制著人整體的任何行為。所以，當我們面臨令人悲觀、失望的情形時，即使我們始終沉浸於此也不會對事物本身做出任何改變。舉個例子來說，當一棵大樹被連根拔起時也許仍然能保持一段時間的蔥綠，但過不了多久就會慢慢枯萎死去。那麼，人的思想也是如此，當我們能夠真正地從消極的或負面的情緒中把自己解脫出來，我們也必將會慢慢地與這種思想情緒告別。

這與我們司空見慣的處理方式大相徑庭，造成的後果也截然不同。我們之中的許多人仍會將自己的注意力持續不斷地投入於令其不滿的場景或情形當中，然而這種精力的集中使不良的消極情境在我們的思想中得以極大地發揮和蔓延，並由此愈發地促進了它們自身能量及活力的消亡。

1 萬物皆有因果，宇宙卻無邊界。宇宙本身是一切運動、光、熱、色彩的根源，同時它又是一切事物能夠產生最終結果的原因所在，我們可以從宇宙物質中尋找到一切力量、智慧與才智。

2 我們逐漸熟悉並掌握了這種智慧的思維法則，也就慢慢認識了人類精神本質的規律性，它使我們在認識萬事萬物即宇宙的同時，也會自發地讓自身與這種屬性相契合並達到和諧一致。

3智慧並非只存在於人的大腦中，當人類智慧訴諸於人類行為時，我們即可以領略到人類智慧就像能量和物質一樣，無處不在。

4可能有很多人會問，既如你所言，又如何能證實這一基本原則的正確性呢？為什麼我們未曾從現實生活中依靠這樣的觀念或思維達到自己所希望的訴求或結果？原因很簡單。我們想獲得的一切結果與我們對這一觀念的領會和操作程度息息相關。即我們對此領悟掌握得越全面、越深入，我們越會接近我們所想要達到的理想結果。

5這一系列有序的法則會順應著我們心靈對其熟識的程度而不斷生根、發芽。它使我們無形中改變了自身與外界的關係，並為我們開闢了一條前無古人、後無來者的通道，這條通道可以引領我們進入嶄新的心靈狀態並協助我們建立新型的內外互應關係。

6精神具有超乎尋常的主觀能動性。精神以其非凡的創造力蘊含於萬物本質中，此種非同一般的創造力來源於一切能量和物質的初始和泉源的宇宙，而我們作為眾多個體之一，只是宇宙能量的一條支流。宇宙透過我們來表達自身，也透過我們每一條支流隨機地組合來表達自己。個體是宇宙內力存在的表徵。

7科學家將物質分成無限數目的分子；分子又分成原子，原子又被分成電子。透過在含有熔化的硬金屬接線端的高真空玻璃管中對電子的觀測，證明電子其實充滿了我們生存的整個空間。他們存在於萬物之中，萬物之中皆是電子，即使是我們所謂的真空地帶，我們完全有理由稱電子為萬物之源的宇宙物質。

8我們知道電子根據「指令」工作，將自我組成為原子或分子。那麼這種稱其為「指令」的就是我們所謂的「宇宙精神」。電子以能量核為軸心旋轉，就構成了原子；原子按照一定的比例組合，就形成了分子，這些分子相互結合，就形成了許多種化合物，這些化合物又構成了整個宇宙。

9氫原子是我們現在已知的最小的原子，它的重量是電子的一千七百倍。即使一個水銀原子的重量也是電子的三十萬倍。電子是純粹的負電荷，它作為宇宙能量與光、熱、電能、思想（秒速十八萬九千三百八十萬英里）具有相同的速度，那麼電子應該絕對有能力在一切時空中運動、穿梭。

10丹麥天文學家羅默於一六七六年透過觀察木星的月蝕現象測得光速。隨地球接近木星距離遠近，木星月蝕的發生會比預計時間提早或推遲八分半鍾；羅默因而得出這樣的結論：從木星而來的秒速十八萬九千三百八十的光線需要有十七分鐘穿越地球軌道半徑，這就造成了地球、木星距離的差異。這個結論後來得到了驗證，證明光的速度可達每秒十八萬六千英里。

11電子猶如人體中可以自如運行的細胞，它們可以在人體內締造無窮的功用。這種接近於完美的精神和智慧使細胞可以完全自由、獨立地工作。它們時而也集結成團隊合作工作、分工明確。有些細胞忙於建立人體組織，另一些則從事構造人體所需的各種分泌物的活動。一些負責傳遞物質，另一些專業精湛地修復創傷；還有一些是血管的清道夫，負責運送垃圾；更重要的是專門有一些細胞的職能是負責防禦，在體內阻擋病菌的入侵。

12 細胞能夠協力運動與工作，並且工作的目標一致。每個細胞都具備著足夠應付其本職工作的能力與智慧。這使其不僅能夠保質、保量地完成使命並且其自身還能夠同時保存能量、延續生命。它們透過驚人的自我調節、吸收能量獲得充足的養分，甚至對所有的養分進行嚴格篩選，然後備己所需。

13 生物本身能夠維持生命與健康的基礎正是在於這些細胞的新陳代謝。一切生物的細胞都必須歷經產生、繁殖、死亡、被分解的必然階段。

14 也許我們會有人瞭解超驗療法，它實質上所依存的基礎即是人體內的內在精神的自我轉化和調節性。身體內的每一個原子中都蘊含著一種精神；它是負極的，而人類自身透過思考的能量即可以將其改變為正極。這種轉變也就很清楚地解答了人怎樣戰勝相類似的負極因素或負極精神。

15 極具隱蔽性的負極精神，蘊含在身體的每一個細胞之內，它被稱做潛意識精神。負極精神的一切動向皆不為顯意識所顯現，它只能夠對顯意識的狀態做出反應或回饋。

16 人的思想可以決定人的一生，人終生的寫照即是人思想在生命過程中的映射。如同自然科學領域的實驗一樣，精神領域的實驗也從未停止，實驗的每個結論都能使人類在自身的認識能力上更上一個新台階。人的思想會在無形中改變和重塑著他的外貌、形體、性格，甚至際遇、機緣。

17 太多的證據證明，「因」、「果」自有對應。因果關係的起源受益於創造原理。什麼樣的「因」即會對應產生什麼樣的「果」。如今，這樣的結論已被眾多人所接受和相信。

18 客觀世界為太多迄今尚不能做出解釋的能量所掌控。人類根據自身的認知能力，將這種超然能量長期歸結為上帝或神的旨意。現在，透過對精神本質或原理的理解與認識，我們可以將此種力量簡而言之地解釋成無限或普遍的宇宙精神。

19 宇宙精神無限而全能，它擁有著用之不竭的能量。它的全能使它可以無處不在。那麼我們由此不禁要自問：我們自身是否即是宇宙精神的表達或彰顯？答案是肯定的。

20 那麼潛意識在人類自身中的能動作用如此近似於宇宙的精神力量，它們之間所存在著的唯一差異，只在於程度的不同。它們的種類和性質也完全相同，唯一的差異只是程度的差異，猶如滴水之於海洋。

21 對這個智慧的領悟以及它在我們生活中所發散出的迷人光芒，會猶如得到全知全能者的庇護。潛意識與宇宙力量的這種無限結合可以創造出無限的活動能力。宇宙精神透過潛意識與顯意識進行聯絡和溝通，顯意識可以有意識地去引領或影響思想，而潛意識可以左右思想對於行為的操控。

22 當我們以科學的態度與眼光深刻理解了這個原理，就可以簡單而明確地解釋生活中我們常常用到的人類祈禱。當我們在內心向上帝進行禱告和祈望時，雖然內心希望透過全能的上帝來以超自然的能力幫助我們，而事實上真正的恩惠者卻是自然法則本身。它的完美運行使我們有如得到上天的眷顧。因此，這種行為的結果實質上並不真正的依賴於宗教或者其他神祕而未知的事物。

23 儘管大多數人都已經瞭解，錯誤的思維必將為我們帶來錯誤或失敗的結果，但仍有太多人不願意去嘗試用正確的方式去拓展自己的思維，進行更有效而合理的訓練。

24 我們同時又必須注意到的是，負面的思想一旦形成便不可能在短時間內清除，負面的環境和思想對我們一生會有不良的影響。因此，我們的思想必須清晰、明確、堅定、踏實，並在確定後不輕易做出改變。

25 當我們瞭解此思維的巨大作用，並希望透過有效的訓練使我們的人生發生改變，就須排除雜念與其他任何不良的干擾，目的明確，目標專一、反覆地認真思考這個決定。

心靈訓練 Lesson ⑭

透過這種自發的訓練會使我們獲得思想的更新轉變，慢慢的我們就將從這種轉變中體會到從心態到生活的全面更新，它使我們獲得的將不僅僅是物質財富，更多的是對於整個身心健康的積極作用。心態平和後，生活、工作也會變得更加順利。

內心的平靜與和諧會使人生境遇也變得更加順遂。

生活中所顯現的客觀世界會是我們內心世界的反映。

對於「和諧」的專注，意味著排除一切雜念的完全地、徹底地專注。即除了「和諧」本身這一命題外，不要在你的思維中增加任何額外的負擔或課題。以誠懇、信服的心態去領會「和諧」的內在精神。真正的人生改變蘊含於你不斷付出的努力實踐之中，在學習中鍛鍊，在鍛鍊中體會，僅僅對於這些理論的理解與閱讀並不能幫助你使生活發生天翻地覆的轉變。

重點回顧 ➤➤➤

1、一切才智、力量與智慧從何而來？

從宇宙精神。

2、所有的運動、光、熱、色彩來源於何處？

展現在宇宙精神的宇宙能量中。

3、思想的精靈——創造力來源於何處？

源自宇宙精神。

4、宇宙在形式上是如何分化的？

宇宙藉著個體進行無限次可能的組合，這些組合又轉化成完全不同的各種現象。

5、這種無限次的組合所帶來的完全不同的結果是如何實現的？

個體藉著自身的思考的能力使它能夠作用於宇宙並使宇宙精神彰顯出來。

6、科學觀察表明，什麼是宇宙的最初形態？

是充斥著宇宙每一處的原子。

7、思考方式的改變會帶來什麼？

整個人生境況與機遇的變化。

8、和諧的心態會為我們帶來什麼？

和諧的心態會使生活更加和諧完美。

第十五課：成爲有足夠智慧的人

自然是最有力的主宰，一切生命都要受它的支配。如果能適應自然法則，就能存活下來並實現進化和發展；如果違背它就會受到懲罰，不是苟延殘喘，就是走向滅亡。

不管是出於本能還是理性，趨利避害是所有生物都會遵循的自然法則。即便是最低等的生命也懂得利用這種法則。

把一盆生長著的植物放入房間，放在一扇關閉的窗子前面，植物上生有許多無翼的蚜蟲。如果讓這棵植物枯萎，這些小生靈發現它們賴以繁殖的植物已經死亡，它們從這株植物上再也無法獲得任何食物和養料。為了適應改變了的環境，無翼蚜蟲就會變成有翅的昆蟲。它們逃離饑餓、拯救自己的唯一辦法，就是長出臨時性的翅膀，然後飛走，而它們就這樣做了。變形後，它們離開這株植物，飛向窗口，沿著玻璃向上爬去，找到縫隙逃生。

我們經歷的一切境遇和景況都是為了造就我們，我們付出多大的努力，就會獲得多大的力量。自然法則的影響無處不在，它用具有魔力的手指引導著它的擁護者，如果我們能夠自覺地與自然法則合作，就會獲得最大的幸福和快樂。即便是最小的生命，也能夠在緊要關頭利用這種力量。

1各種法則布下了天羅地網，任何人都無法逃脫它們的作用。

2所有偉大而永恒的法則，是為了我們的利益而被設計出來的，都在莊嚴的寂靜中發揮作用。而我們所能做到的，就是讓自己與它們保持和諧一致，就可以享受自然的饋贈。

3我們每個人都是一個完美的思想實體，這種完美要求我們先給予後索取。而一切困難、混亂、障礙的產生都是因為我們違反了這一規律，不願將自己多餘之物施予他人，就是拒絕承認我們自己所需要的是什麼。

4生長是新陳代謝的過程。生長是有條件的互惠行為，將根鬚分叉，分享彼此的養料和水分，這樣的能力決定著我們實現和諧幸福的程度，可以表達出相對祥和而快樂的生命。

5把眼光只盯著我們已經擁有的，就不可能看到我們所缺失的。只有把眼光放開，認識到我們的目標應該是我們需要而缺少的，就能夠有意識地控制我們的外部環境，並從每一次經歷中汲取我們進一步生長所需要的養分。

6攫取我們生長所需養分的能力，會隨著我們境界的提升和視野的開闊而逐步增強。隨著這種能力的增強，我們就能夠識別和吸收我們需要的一切養分，滿足我們生長所需。

7所有的境遇和經歷都是自然有意安排給我們的，對於我們都是有利的。無論是運氣和優勢，還是困難和障礙，都能讓我們從中受益。

8付出和收穫永遠都成正比，我們為戰勝困難而付出多大的努力，就會從中獲取多大的永恒力量。不勞而獲和勞而無獲是不可能發生的。

9生命生長的不可動搖的需求，要求我們盡最大的努力，去吸引那些與我們自身完美一致的東西。透過領悟自然法則並有意識地與之合作，我們才能獲取最大程度的幸福。

10愛有血有肉，是情感的產物，只有在愛中誕生的思想，才能充滿生命的活力。愛賦予思想以生命力，愛使思想能夠發芽生長，為思想的成熟、結果帶來必要的養料。

11思想經由語言彰顯出來，話語承載思想，就像大海承載輪船般。水能載舟亦能覆舟，話語是思想的表現形式，我們的言談也必須特別謹慎。我們的心靈就像一部照相機，而運用語言就好比是按動快門。當我們不假思索地按動快門，出言不慎，說一些與我們的福祉相違背的話語時，那種錯誤概念的影像也就被記錄在心靈的底片上，抹不掉了。

12語言能悅人耳目，能包羅一切的知識。我們今天擁有的這些文字，是宇宙思想成形於人類心靈之中並尋求表達的綜合紀錄。從語言中我們能夠找尋到過往的歷史，也看得到未來的希望。透過使用書面語言，人類可以回首過去的若干個世紀，與歷代最偉大的作家和思想家交談；回首那些令人激動的場面，看看自己如何得到了今日的一切。語言是充滿活力的信使，一切人類和超人類的行為都由此而生。

13思想是無形的，必須靠語言來表達。如果我們要運用更高層面的真理，那麼我們說話的時候也要按照這個目標，審慎、智慧地選取得體的言辭。我們的思想越清晰、品位越高，我們所運用的語言圖像越是清晰明確，屬於低級思想的錯誤概念漸漸地被摒棄，我們的生命彰顯得也就越多。以言語形式組織思想的神奇能力，是區分人與動物的重要界限。

14無論是什麼樣的行為，都是靠思想引導的。如果我們想要得到合意的情境，我們應當首先懷有合適的想法才對。如果我們希望生活富足，我們首先要想到富足的生活。先要在思想上富足起來，生活才能跟著走進小康。

15語言是一種思想形式，一句話就是一個思想形式的綜合體。理想之殿終是由言詞堆砌而成，言詞可以成為不朽的精神殿堂，也可以成為經不住風吹的陋室。詞句修築的精煉準確是一切文明、至高無上的建築形式，也是一切成功的通行證。

16言詞的動人之處，在於思想的美麗。言詞的力量在於思想的力量，而思想的力量在思想的生命之中。語言就是思想，因此也是一種無影無形、戰無不勝的力量。它們被賦予怎樣的形式，最終也會在客觀存在中怎樣實現。如果希望我們的理想應該是美好而強大的，我們就必須認識到，要純淨我們的語言，出言前請三思。

17檢驗真理的標準是永恒存在的，但錯誤卻沒有運算法則。真話是講原則的，謊言卻可天馬行空。光線就必須走直線，黑暗可不講道理。那麼什麼是有生命力的思想呢？它有什麼與眾不同的特徵呢？這其中一定有規律可循。

18如果我們正確地運用數學定理，我們就可以確知運算結果；凡是健康存在的地方，就沒有任何疾病；如果我們知道什麼是真理，我們就不會受到謬誤的欺蒙，因為真理與謬誤勢不兩立，不能共存。

19凡是有理可循的思想都是有生命的，因此它能夠扎根、生長，最終必然會排除掉那些負面的想法。凡是謬誤的思想都是無根之草，是不能夠長久生存的，這個事實可以幫助我們摧毀一切的混亂、匱乏、局限。

20毫無疑問，那些「有足夠智慧去領悟」的人，將很快認識到：思想的創造力把一件所向無敵的武器放在了他的手上，讓他成為命運的主人。

21自然界要平衡，它遵循著能量守恒定律，在任何地方出現了多少能量，則意味著在其他地方消失了多少能量，這讓我們懂得，我們有捨才能有得，一味地索取而拒絕付出就會打亂自然界的平衡。

22潛意識是不具備推理能力的，它聽從我們的吩咐；我們自己製造了工具，我們自己構想了藍圖，潛意識會把我們構想的藍圖付諸實現。如果我們決定做一件事情，我們就要做好為這個舉動及其一切影響負責任的準備。

23 觀察力是一種心靈的能力，它是專屬於人類的望遠鏡，憑藉它我們能從長遠的角度考慮問題、觀察形勢。觀察力能使我們在一切事情中認識困難，也把握機遇。

24 觀察力使我們做好了迎戰障礙的準備。觀察力使我們權衡利弊，妥善規劃。在這些障礙還沒有化成足以阻擋我們的困難之前，我們就已經跨越了它們。

25 觀察力把我們的思想和注意力引向正確的方向，讓它們不至於墮入沒有回報的歧途。我們應該鍛鍊自己的觀察力，讓自己的思想中沒有物質的、精神的或是心靈的細菌來感染我們的生活。

心靈訓練 lesson ⑮

觀察力是內在世界的產物，可以在「安靜」中藉著集中意念的方式來開發你的觀察力。我們這週的練習是，關注觀察力並培養智慧。還在原來的位置上，思考下面的問題：認識到了思想的創造力並不意味著掌握了思維的藝術。讓思想停留在這樣的起點上：知識本身並不會運用自己。我們的行動並非取決於知識，而是取決於積習、流俗和先例。我們唯一可以讓自己運用知識的方法是：下定決心，有意識地努力。回想這樣的事實：不用的知識會從大腦裡溜走，資訊的價值在於對原理的應用。沿著這條思想的路線走下去，直到你的觀察力足以使你針對自己的特定問題、運用這個原理制訂出明確的方案。對於一切偉大成就而言，觀察力誠然不可或缺；而借助洞察力的幫助，我們能夠進入、探索並佔有一切精神層次。

重點回顧▶▶▶

1、是什麼決定了我們所能達到的和諧程度？

從每次經歷中獲取我們生長所需的養分的能力，決定了我們所能達到的和諧程度。

2、困難和障礙說明了什麼？

說明我們智慧和精神的成長需要它們。

3、如何避免這些困難？

這需要有意識地去理解、掌握並運用自然法則。

4、思想在形式上彰顯自身遵循什麼原則？

遵循引力法則。

5、思想的生長、發展、成熟需要哪些原材料？

愛的法則是宇宙的創造性原理，它賦予思想以活力。引力法則借助生長規律提供思想成長的必需品。

6、如何獲得令人滿意的境況？

只能透過抱持令人滿意的念頭來獲得令人滿意的境況。

7、不理想的境況是如何發生的呢？

藉著思想、談論和觀察一切匱乏、局限、疾患、混亂、嘈雜等境況。這種對於錯誤觀念的精神攝影會被潛意識吸收，引力法則不可避免地在客觀現實中成形。「種瓜得瓜、種豆得豆」從科學上講是絕對準確的。

8、我們如何戰勝各種形式的恐懼、匱乏、局限、貧窮和混亂？

用法則取代謬誤。

9、我們如何認知法則？

我們應該有意識地認識這樣的事實，即真理總會戰勝謬誤。我們無需費力地剷除黑暗，我們只要開燈就行了。對一切負面的想法，也是如此。

10、「領悟」的價值是什麼？

是讓我們明白知識的價值在於運用。許多人認為知識會運用自己，這種想法大錯特錯。

第十六課：心靈印記和精神圖景

週期性是生命的第一屬性，但凡有生命的物質，都有誕生、成長、發展和衰亡的週期。無論願意與否，都要按照這個週期運行，只不過有的長，有的短罷了。

在這裡我們主要談論成長，因為成長在生命週期中至關重要，成長就意味著增強和提高。生命意味著成長，而成長就意味著改變。根據生命的階段性特點，我們把七年定為一個循環，每個七年對我們而言都意味著一個新的階段。

懵懂無知的幼年期是人生的第一個七年，之後的第二個七年是兒童期，兒童期意味著個體責任感的開端。下個七年是青春期，第四個七年中將達到生命完全的成熟。第五個七年是建設期，在這個階段，人們開始獲取財富、成就、住宅和家庭。從三十五歲到四十二歲的一個七年是反應和行動的階段，這個階段後是一個重組、調整和恢復的階段，然後，從五十歲起，就開始了人生下一個七年循環。

這樣的循環成就了生命的週期，凡是熟悉這個循環方式的人，不會因為遇事不順而沮喪，而是學會應用課程中闡述的原理，充分認知在一切法則之上有一個最高的法則，並藉著對於精神法則的理解和自覺的應用，把每一個表面上的困難轉化為祝福，把不利變為有利，把劣勢轉為優勢。

1對於財富，可以有許多種解釋，基本內容是一致的。財富包括一切具有交換價值、對人有用、令人愉悅的物品。財富的支配屬性，正在於它的交換價值。

2財富的交換價值在於它是一種媒介，它使我們能夠在實現理想的過程中獲得有真正價值的東西。財富給它的擁有者帶來的，不過是小小的快樂，它的真正價值呈現在它的交換價值中，而不是在它的實用性上。不進行交換，財富就沒有什麼價值。

3我們常說勤勞致富，可見勞動是因，財富是果，財富是勞動的產物。資產是果，不是因。

4財富是手段，不是目的。永遠不要把財富看作一個終點，而應該把它看成是一條達到終點的途徑。財富不是主人，而是僕人，讓財富成為自己的主宰，自己服務於財富的作法是本末倒置。

5財富不是判斷一個人成功與否的標準，決定一個人真正成功的是要有比積聚財富更為高遠的理想。遠大的理想要比任何財富都更有價值。

6如果想讓自己成為成功的人，首先應該樹立一個讓自己為之奮鬥的理想。確定了目的地才知道該朝哪個方向走，當心中有了這樣一個理想，你就能找到實現理想的途徑和方法，但一定不能錯把方法當成目的，錯把途徑當做終點。

7「成功的人也是那些有著最高的精神領悟的人，一切巨大的財富都來源於這種超然而又真實的精神能量。」這是普仁提斯．馬福爾德留給我們的名言。但很不幸，有很多人不認識這種能量，因為他們沒有一個具體的、固定的目標，沒有理想，他們渾身是勁卻不知如何施展。

8哈里曼的父親是一個窮職員，年薪只有二百美元；安德魯・卡內基全家剛剛來到美國時，他的母親不得不去幫人做事來養活一家人；富可敵國的托馬斯・立普頓勳爵從二十五美分起家。這些人沒有什麼財富權勢可以依恃，但這並沒有成為阻擋他們成功的障礙。

9億萬富翁石油大亨亨利・弗萊格勒藉著將精神力量理想化、形體化、具體化而取得成功。他不厭其煩地向自己描述事物整體的圖景，做到閉上眼睛，就看見軌道，看到火車在軌道上飛馳，聽到汽笛嗚嗚的轟鳴聲，這就是成功的祕訣。

10思想必然領先於行動並且指導著行動，不經過腦子只是莽撞行事，不會有好的結果。任何境遇自有其成因，任何經歷都不過是一種結果；因果循環，和諧有序，社會也因此沿著正確的軌道運行。

11創造力完全來自於心靈的能量，每個大企業的首腦全都是依靠這種能量。成功的商人常常也是理想主義者，他們不斷地朝著越來越高的標準邁進。運用精神能量的理想化、形體化、集中意念，生活正是一點一滴的思想在我們每日的心境中不斷地結晶。

12思想具有可塑性，像我們童年時玩的黏土，我們可以用它構築生命成長概念的圖景。使用，決定著它的存在，使用才能使有價值的事物發揮作用。不管你想要做成什麼事情，對這件事情的認識和恰當運用都是必要條件。

13不勞而獲的財富不過是匆匆的過客，不過是災難和羞辱的開始。因為，如果我們不配得到，或者這些財富不是我們努力所得，那我們也無法永久佔有這些財富，只有靠自己努力得來的財富才是真實的。

14引力法則規定，我們在外在世界中的種種際遇，都與我們的內在世界相對應。我們該怎樣決定應該讓哪些事物進入我們的內在世界呢？無論是透過感官還是透過客觀意識，進入我們心靈的一切，都會在我們的心靈上打下印記，形成精神圖景，而精神圖景正是創造性能量的生產模式。這些經歷大部分是外在環境、際遇、過往的思慮，甚至是其他負面思想的結果，因此在進入我們的心靈之前必須經過仔細的分析驗證。

15在引力法則面前我們並不是無所作為，我們可以自主地創造精神圖景，經過我們內在的思維過程，而無需顧慮其他，諸如外部環境、種種際遇等等。透過運用這種力量，我們必將掌握自己的命運、身體、精神和心靈。是的，命運掌握在自己手上。

16如果我們有意識地實現某種境遇，這種境遇最終會在我們生活中發生。我們可以把命運緊緊地掌握在自己的手中，並且有意識地為自己創造出我們渴望得到的閱歷。

17歸根究柢，思想是生命的原動力，把握思想就是把握環境、際遇，就是創造條件、掌握命運。

18思想的結果取決於它的形態、性質和生命力，這三者共同作用決定了思想的性質。思想的形態取決於產生這種思想的精神圖景；精神圖景取決於心靈印記的深度、觀念的決定性優勢、視覺化的清晰度，以及這幅圖景的膽識與魄力；思想的性質取決於它的組成部分，也就是心靈的成分。如果心靈的成分是勇氣、膽識、力量、意志，那麼它所編織的思想也是如此；思想的生命力取決於思想孕育時刻的感受。如果思想是建設性的，就必將充滿活力、充滿生命，它能夠生長、發展、壯大，它會為自己的全部成長汲取所需的一切。

19 我們把思想分化為形態的能力，就是我們彰顯「善」和「惡」的能力。如果我們的思想是建設性的、和諧的，我們就彰顯「善」；反之，如果我們的思想是破壞性的、不和諧的，我們就彰顯「惡」。

20 「善」和「惡」都沒有固定的形態，都不是實體，它們不過是用來描述我們行動結果的詞語而已，而我們的行動又受到我們思想性質的決定。

21 破壞性的思想是一把雙刃劍，在傷害對方的同時也割傷了自己。破壞性思想自身之內就含有使自己分化瓦解的毒菌；這個思想將會消亡，而在這消亡的過程中，它會給我們帶來疾病、患難以及其他形式的不和諧。

22 成功是靠自己努力拚搏得來的，同樣地，失敗也是咎由自取招致的。有些人傾向於把這一切的困厄都歸因於超自然的神靈，但這所謂的超自然的神靈不過是處於平衡狀態的「心智」而已。

23也許我們不知道視覺的力量是如何控制我們的環境、命運、性格、能力和成就的，但這絕對是科學的事實。不要去想人、地、事，這些東西都不是絕對的。你渴望的境遇本身蘊含著一切所需，合適的人和合適的事，自會在合適的時間和合適的地點出現。

24思想和心靈狀態符合哲學規律，是既對立又統一的。我們的思想決定著我們的心靈狀態，而反過來我們的精神狀態又決定著我們的能力和心智慧量。

25形體化的圖景是一種想像的形式；這種思考的過程形成了心靈中的印記，這些印記又形成了觀念和理想，這些觀念和理想又形成了計劃，偉大的計劃。在心靈中繪製一幅成功的畫面吧，有意識地形體化你的願望；在心中抱持一個理想，直到你心中的幻影變得清晰起來。如果我們忠實於我們的理想圖景的話，就要推動著成功前進的步伐，運用科學的手段實現它。

26隨著我們能力的提高，自然會帶給我們各種成就和收穫，也使我們能更好地控制我們的環境。如果我們想要顯現一個完全不同的環境，就要視覺化我們的願望，使理想清晰可見。

27我們的眼睛更傾向於有具體形態的東西，所以我們只能看到客觀世界中的存在，卻不能看到精神世界中已然存在的視覺化的圖景，而這圖景卻正是一個重要的標誌，預示著將要在我們的客觀世界中出現的事物。

28自然法則的運行是完美、和諧的，一切看起來「不過是發生了」而已。如果你需要證據，那麼就回想一下你自己生命中的種種奮鬥努力吧，當你的行動朝著一個高尚的方向努力的時候是怎樣，當你懷著自私自利的動機之時又如何，兩者的差異不言而喻。

29人類只有一種官能，就是感受的官能，其他官能都是感受的變體。感受是一切能量的泉源，情感可以輕易戰勝理智，我們的思想中不能沒有感受的存在，思想和感受是密不可分的整體。

30形體化是一個行之有效、妙不可言的方法，但是它必須受到意願的引導，我們絕對不能任由想像力毫無節制地放縱。想像力是一個糟糕的主人，但卻是一個稱職的僕人，除非受到很好的控制，否則它就會使我們陷入五花八門的空想和各種不切實際的結論中。如果不加以分析檢驗，我們的心靈就很容易接受各種似是而非的主意，結果導致精神的混亂。

31任何的理念都要經過透徹的分析，一切並非科學準確的東西一概加以摒棄。如果你這樣去做，你就不會浪費精力在一些無謂的事情上，而是非常有把握地做每一件事，成功將為你的奮鬥加冕。這就是商人所說的「遠見卓識」，這與洞察力基本相似，是一切事業獲取成功的奧祕之一。

32我們必須構築並且只能構築一種科學性的正確的精神圖景，偉大的心靈建築師正是藉著這些精神圖景來築造我們的未來。

我們這週的練習是讓自已認識到這樣一個重要的問題：和諧和幸福是一種精神狀態，並不取決於物質的佔有。一切要用心去營造，收穫的結果取決於良好的心態。生活拮据內心富有的人要比擁有財富而內心貧窮的人幸福得多。

如果我們想要獲得物質上的富有，我們首先應該關注，如何保持能夠給我們帶來理想結果的良好心態。要想擁有這種心態，需要我們認知精神本質，並領悟到我們與宇宙精神的合一。這種領悟能夠為我們帶來可以使我們獲得滿足的一切。這是一種科學的、正確的思考方式。當我們成功地達到了這種精神狀態，那麼一切願望的實現就如已經發生的事實一般，相對容易得多了。當我們做到這些，就會發現「真理」使我們得以「自由」，使我們免於一切匱乏和局限的困擾。

重點回顧 ➤➤➤

1、獲取財富的基礎是什麼？

是透過對思想的創造性本質的理解。

2、財富真正的價值何在？
在於財富的交換價值。
3、成功取決於什麼？
取決於精神力量。
4、精神力量取決於什麼？
取決於運用；運用決定了它的存在。
5、我們如何在一切變幻中把握我們的命運？
如果我們希望生活之中出現怎樣的情境，我們就要有意識地實現它。
6、生命中最重要的一件事是什麼？
是思想。
7、一切邪惡之源在於何處？
在於破壞性的思想。
8、一切真善美的源頭在於何處？
在於科學的、正確的思想。

第十七課：渴望中誕生希望

在美術課上，教師要求同學們畫出上帝的形象。作業收上來後，每個同學畫得都不錯，但有一幅畫卻令老師大為吃驚。這是一個黑人孩子的作品，他將上帝畫得和自己一樣：黑黑的皮膚，捲曲的頭髮，一個黑人上帝。而其他孩子畫的上帝都是金髮碧眼，就和我們平常見到的畫像上的一樣。

誰也不能說這個黑人孩子畫得不好，褻瀆了上帝，因為每個人的心中都有一個神，並且自覺或不自覺地崇拜心中的「神」，這反映出了人的心智狀況。

問一個印度人什麼是神，他會向你描述一位顯赫部落的神武酋長。火君、河伯以及諸如此類則是異教心中的神。

有人會說，我不信神，我沒有宗教信仰，你的那套理論不適合我，其實不然。我們為自己雕刻了「財富」、「權力」、「時尚」、「習俗」、「傳統」等等的偶像。我們「拜倒」在它們面前，崇拜它們。我們把全部意念集中在它們身上，而它們也因此在我們的生命中得以具體化。

所謂「蠻族」的人們為自己的神「雕刻偶像」，然後向它屈身跪拜，對於他們中少數有智慧的人來說，他們不過是把這些偶像當做一個精神支點，一個形體化的外在形象，用來寄託自己的靈魂。但是如果你明白了因果相循，明白表象不過是本質的外在表現，就不會錯把表象當成現實，你將關注一切的「因」，而不會只在乎「果」。因為只有瞭解原因，才能得到你想要的結果。

1 最高級的行為模式在本質和屬性上都處於更高的地位，因此必然決定著一切環境、面貌以及與它聯繫的萬事萬物。人類可以「支配萬物」的支配權是建立在精神基礎上的。思想是一種活動，它掌管著其屬下的一切行為模式。

2 我們靠口、眼、鼻、耳去感知這個世界，我們習慣於透過五官的鏡頭去看待宇宙，我們的人、神觀念也正是源於這些經驗，但真正的觀念只有靠精神觀察力才能獲得。這種觀察力需要有精神振動的加速，並且只有朝一個固定的方向全力、持久地集中精神意念，才能夠獲得這種觀察力。精神力量的振動是最純粹的，因而也是現有力量中最強大的。

3 學習科學需要成年累月精神集中，並要掌握其中的原理，偉大的發現都是持久觀察的結果。持續的意念集中意味著思想不間斷的、平衡連貫的流動，需要在一個持久、有序、穩固、堅韌的體系下才能完成。

4 一個好的演員能取得成功的關鍵是他能在扮演角色的過程中忘卻自己的身分，而讓自己與所扮演的角色完全同化起來，並用真實的表演來打動觀眾的心。似乎有一種看法，認為集中意念需要的是努力去做什麼，但這卻是誤解，事實正好相反。

5 完全沉浸在你的思想中，沉迷於你所關注的主題，以至於忘卻其他一切的不相關的事情。如此集中意念會引發直覺的感知，以及直接的觀察力，讓你能看透你所關注的客體的本質，揭示其中的奧祕。

6 我們的心靈就像一塊磁鐵，而求知的渴望就是不可抗拒的磁力，吸引住知識和智慧，並讓它們為我所用，一切知識都是這樣集中意念的結果。

7 渴望大多是潛意識的。潛意識的渴望能夠激發心靈的能力，使困難的問題迎刃而解。渴望，加上意念的集中，有助於我們瞭解自然界的一切祕密。

8 意念的集中能夠激發潛意識的理念，並引導它行動的方向，驅使它實現我們的意圖。集中意念的實踐，包括對物質、精神和身體的控制。僅憑一時的熱情沒有任何價值，想要實現目標，必須有極大的自信才成。

9 自然界中所有的一切，不管是物質的、精神的還是身體的，一切意識模式都必須在我們的掌握之中。因此，控制因素在於精神原則；精神原則能夠使你擺脫有限的成就，使你能夠達到把思想模式轉化為性格和意識的境界。

10 在擁有「分外之物」之前，必須有可以容納這些「分外之物」的「領域」。集中意念的重點不是考慮某些想法，而是指把這些想法轉變為實用價值。

11 理想和現實有時會有很大的差距，心靈想要展翅翱翔，很可能還沒有等它高飛，就跌落在平地。精神可能會把理想定得過高，卻發現心有餘而力不足。但是這一切，都不能成為我們不再進行下一次嘗試的理由，如果沒有取得成功就說明我們付出的努力還不夠。

12 軟弱可能是出於肉體的局限或是精神的不確定狀態，軟弱是精神成就的唯一障礙。重新嘗試一下吧，不斷的重複終會讓你獲得遊刃有餘的完美感覺。

13 人們把精力集中在生活問題上，我們才有了今日龐大而複雜的社會結構，一切事物都是如此。地質學家把注意力集中在地下底層的構造上，我們就有了地質學；天文學家把注意力集中在星象之中，發現了天體的奧祕。

14 渴望是一種最為強大的行為模式。一切精神發現和精神成就都是熱切的渴望加上意念的集中所致，渴望越是熱切持久，得到的發現就越是明白無誤。

15 在實現偉大思想的過程中，在經歷與這些偉大思想相吻合的偉大情感的過程中，心靈處於這樣一種狀態，它能夠欣賞更高事物的價值。

16 意念的集中能打開疑惑、軟弱、無力、自卑的鐐銬，讓你品嘗到征服的樂趣。在一段時間內高度集中意念，加上對實現與獲取的長久渴望，可能會比成年累月的被動、緩慢、常規的努力更加有效。

17 渴望是一種先決性的力量，一切商業關係都是理想的客觀化。商業課程非常重視意念的集中，鼓勵性格中果斷的一面。商業活動開發實踐中的觀察力，以及迅速做出結論的能力。每一宗商業活動，其中的精神因素都是占主導地位的成分。商業行為中可以培養很多堅定的、重要的美德。心靈在商業活動中穩固、定向地成長；精神活動的效率不斷增強。

18最重要的是心靈的成長，堅持不懈的精神努力，有助於開發你的獨創性和進取精神，這使得精神不會受到無緣無故的干擾和本能衝動的左右。心靈的成長是自我從低層向高層邁進過程中的勝利。

19發電機具有無比的威力，但是如果沒有被啟動，就什麼力量也發揮不出來。我們的心靈就是身體發電機的開關，只有心靈才能使身體運轉，使它產生效力，使它產生的能量明確有效地集中。心靈是引擎，它的能量為前人所不敢想像。

20如果你把意念集中在一些重要的事情上面，直覺的力量就開始運作了，它會幫助你獲得引導你走向成功的訊息。集中意念只不過是意識的聚焦達到了與關注對象合而為一的程度而已。正如身體維持生命需要攝入食物一樣，精神也需要攝入它所關注的客體，使它獲得生命與存在的本質，沒有任何神祕可言。

21人類的直覺彷彿是冥冥中神的指引，直覺不需要憑藉經驗或是記憶就可以獲得答案。利用直覺來解決問題通常超越了理性能力的範疇。直覺常常不期而至，令你驚喜萬分。直覺往往會出奇不意地直接擊中我們尋求了許久的真理，讓人感覺它似乎是來自更高層次的力量。直覺可以培養、可以開發。為了培養直覺，有必要認識它、欣賞它。如果直覺做客你家，你要給予它一個皇室的接待禮儀，這樣它還會再次光臨。你的接待越是熱忱，它的光臨就越是頻繁。但如果你對它不理不睬或視而不見，它的拜訪就會越來越少，與你漸行漸遠。

22 潛意識是一個常勝將軍，它所向披靡，無所不能。當賦予潛意識以行動的力量時，它所能做的事情是沒有止境的。如果你的願望與自然法則或宇宙精神和諧一致，潛意識就會解放你的心靈，賦予你戰無不勝的勇氣。你取得何種程度的成就完全取決於你的願望的本質。

23 我們跨越的每個障礙，獲得的每次勝利，都會增強我們的信心，這樣，就會有更大的力量去贏得更多的勝利。你的勇氣取決於你的精神狀態，如果你表現出成功自信的精神狀態，並充滿了不折不撓的信念，你就會從肉眼看不見的領域中汲取到無聲的需求。

24 我們有時候弄不清自己到底想要什麼，可能在追求名聲，而不是榮譽；可能在追求富貴，而不是財富；可能在追求地位，而不是支配權。在這些情況下，等你剛剛追上它們的時候，你就會發現，這些只不過是過眼煙雲而已。只要對心靈中的想法保持忠貞，至死不渝，它就會逐漸在客觀世界中成形。

25 明確的目標，本身就是一個動因，它在不可見的世界中為你尋找到實現目標所需的一切材料。你正在追求的，可能是力量的符號，而不是力量本身。

26 一個為了財富而終日奔波勞碌、擁有鉅額支票、口袋裡沉甸甸地裝滿黃金的人最終會發現，大量的金錢不過是一個數字而已。金錢以及其他一些純粹的力量符號，往往是人們競相追逐的對象，但如果認識到了真正的力量之源的話，我們就可以不理睬這些符號了。同樣，尋找到了真正的力量之源的人，也不再對力量的偽飾或贋品感興趣了。

27 思想常常會帶來外在世界的變革，但是如果把思想的矛頭對準內在的世界，思想就會把握一切事物的基本準則，就能領略萬事萬物的核心和精神。

28 如果你能把握萬物的本質，你就可以比較容易地領會它們，使它們聽命於你。事物的精神本質就是事物本身，是它的核心部分，是它的真實存在。外部形態不過是內在精神的外在顯現而已。

29 有心栽花花不發，無心插柳柳成蔭，力量來自於放鬆。完全放鬆下來，不要對結果憂心忡忡。集中心神意念，不要有意識地為實現目標而努力去做什麼。對關注的目標凝神思考，直到你的意念完全與它合而為一，直到你再也意識不到別的東西存在。

心靈訓練 lesson ⑰

有能力的商業人士為什麼都有一間單獨的辦公室？這是因為直覺在「安靜」中才能獲得。偉大的心靈常常喜歡獨處，在這裡它不會受到外界的干擾。正是在安靜的獨處中，許多生命的重大問題得以解決。如果你沒有這個環境，你至少可以找到一個可以讓你每天獨處幾分鐘的場所，在那裡訓練你的思維，使你能夠開發自己的能力——一種非常有必要獲得的、讓你戰無不勝的能力。

永遠把意念集中在你的目標上，把沒有實現的目標當作既成事實；如果你希望消除恐懼，那麼就把意念集中在勇氣上；如果你想要消除疾病，那麼就把意念集中在健康上；如果你希望消除匱乏，那麼就把意念集中在富足上。這是引發「因」的生命法則，而正是這些「因」，誘導、指引並建立起必要的關聯，從而在物質形態上實現你的目標。

重點回顧➤➤➤

1、集中意念的正確方法是什麼？
是明確你的思想關注的對象，然後摒除一切與此無關的事物。

2、這樣集中意念的結果是什麼？
這樣做可以觸發看不見的力量，因而帶來與你的思想相吻合的境遇的改變。
3、這種思考方式的決定性因素是什麼？
是精神原理。
4、為什麼是這樣呢？
因為我們欲求的本質必須與自然法則相和諧。
5、這種集中意念的實際價值何在？
思想轉化為品格，而品格是一塊可以創造個體環境的磁石。
6、在一切商業活動中，決定性的因素是什麼？
是精神因素。
7、所謂的集中意念是如何運行的呢？
經過發展感知能力、提升智慧、直覺和敏銳度。
8、為什麼直覺高於推理？
因為直覺不依賴於經驗或記憶，而往往是透過一些我們一無所知的方式與方法來解決問題。
9、追求本體的符號象徵，其結果是什麼？
等他們追上的時候，通常會發現這些不過是過眼煙雲，因為符號象徵只是內在精神活動的外在形態。因此，除非我們能擁有精神上的本體，否則，外在形態終歸要化為烏有。

第十八課：互惠行爲

所有人都處於各種各樣的社會關係之中，都不是獨立存在的。一個男人可能擁有多種身分和角色，處在多種社會關係的交集中。他既是父親又是兒子，既是丈夫又是兄弟。同樣，女人也是如此，在不同的社會關係中扮演不同的角色，不同的角色賦予她們不同的任務和責任。因此，一個人的存在，在於他和整體的關係，在於他和其他人的關聯，在於他和社會的聯繫。這種聯繫構成了他的環境，而不可能是透過其他方式。

因此很顯然，個體不能脫離整體，個體不過是宇宙精神的分化，這種宇宙精神，將「照亮一切生在世上的人」。而宇宙所謂的個體化或人格化不過就是個體和整體的關聯的方式。這種關聯的方式，我們稱其為環境，這種環境是由引力法則主導的。

為了生存我們必須獲取生存資料，這一點是由引力法則決定的。正是這一法則，使個體與宇宙區分開來，使我們能更加透徹地看待這一問題，也使我們更好地掌握引力法則，讓它為我們所用。

1一切都在變，包括世界的思想觀念在內的所有事物的變化正在我們身邊發生，以及這個世界所經歷的重大的思想變革。

2無論是黑人還是白人，無論是窮人還是富人，無論是基督教徒還是天主教徒，無論是最上層、最有教養的人群還是最底層的勞動階級，正在進行著這場人類歷史上空前的革命，正改變所有人的觀念。然而有的人對此明察秋毫，有的人卻對此麻木不仁。

3走進生物的國度，你會發現一切都處於流體狀態，永遠在變化，永遠被創造、再創造。在礦物世界中，看起來一切都是固體的、不易消失的，其實不然，它們也無時無刻不在發生著細微的變化。

4每一個領域，總是在變得越來越美好，越來越精神化，從有形演變為無形，從粗糙演變為精緻，從低潛能量演變為高潛能量。當我們抵達無形世界的時候，就會發現，能量處於最純粹、最活躍的狀態，它隨時準備被激發。

5長期被傳統的桎梏羈絆的人們已經掙脫了所有的束縛，代表新文明的眼界、信念與服務正在不知不覺中取代了舊的習俗、教條、殘暴等一切陳腐的、不適應時代發展的事物。如今，科學發現層出不窮，揭示出無盡的資源、無數種可能，展現出那麼多不為人知的力量。科學家們越來越難於肯定某種理論，稱之為定規定法、不容置疑；同樣，也極難徹底否定某些理論，稱之為荒誕不經、絕無可能。

6一種來自我們內心的全新的力量和意識正以令人難以置信的意志和決心喚醒處於

酣眠中的世界，也讓我們對自己的內心重新審視。

7從分子到原子，從原子到量子，世界的有形實體已經被人們細化到了極致，它的內部構造人們已經看得非常明白、透徹。所以接下來我們要做的事情就是細分精神，找到精神的量子。「能量，就其終極本質而言，只有當它表現為我們所說的『精神』或『意志』的直接運轉時，方可被我們所理解。」安布羅斯・佛萊明爵士如是說。

8世事的風雲變遷，只不過是精神事務而已。推理，是精神的過程；觀念，則是精神的孕育；問題，其實是精神的探照燈和邏輯學；而論辯與哲學，就是精神的組織機體。這種精神是居住在我們內心的終極能量。它存在於物質也存在於心靈。它就是維持一切、使生命能量充滿一切、無處不在的宇宙能量。

9人與動物最大的區別在於腦容量的不同，也就是智慧上的差異。正是這種智慧，使動物比植物高一個等級，使人比動物又高一個等級。

10一切生命個體都靠著這種全能的智慧而生存，我們發現，人類個體生命的差異，大多數是由他們在何種程度上能夠表現出這種全能的宇宙智慧來決定。我們知道，這種逐層遞增的智慧在人類身上，表現為人類個體控制自己的行為模式，以及按照環境調適自身的能力。智慧的程度越高，我們越是能夠理解這些自然法則，就能擁有更高更強的能力。

11所有偉大的心靈都要進行調適，如同鐘錶需要對時一樣。所謂的調適無非是對於宇宙精神現存秩序的認知。人們都知道，我們只有首先遵從宇宙精神，宇宙精神才會聽命於我們的吩咐。

12 宇宙精神能夠對一切需求做出回應，因為宇宙精神本身也遵從著自身存在的規律，這就是自然法則。對自然法則的認知使我們能夠跨越時空的距離，使我們能夠在藍天之上翱翔，也能讓鋼筋鐵骨在水面上漂浮。正是因為人類能夠認識到，人類自我是宇宙智慧的個體形式，因此，人類就能夠控制那些沒有達到這種自我認知程度的個體。

13 我們的思想極其活躍，是具有能動性的。然而這種創造力並非源自於人類個體，而是來源於宇宙。宇宙是一切能量與物質的泉源；而個體不過是宇宙能量分流的管道而已。

14 整體要靠個體來表現，宇宙經過個體，創造種種不同的組合，因此就有了種種現象的發生，本源物質的運動頻率各不相同，它所創造出來的新的物質在振動頻率上與原來的物質保持嚴格一致，這些都遵從振動原理。

15 思想其實是看不見的橋樑和聯絡中樞，它使個體與宇宙、有限與無限、有形與無形的領域聯繫在一起。人類能夠思想、感覺、行動、獲得知識，這些都是思想的魔力，思想是人類的第一特徵。

16 隨著科技的進步和發展，人的眼光變遠了，憑藉高倍數的天文望遠鏡，肉眼可以看到幾百萬英里以外的世界；同樣，人類借助恰當的領悟，就能夠與宇宙精神這一切力量的泉源建立起聯繫。

17人類認知的過程就好比一個內部沒有錄影帶的錄影機，如果沒有理解和領悟就什麼也不會留下，只是一個空鏡頭。

18所謂的領悟不過是一個信念而已，除此之外什麼也不是。食人族也有他們的信念，但那種信念又有什麼用呢？唯一對人有價值的信念，就是能夠被實踐檢驗證明的信念。經過驗證後的信念就不再僅僅是信念而已，它轉化成了有生命的信仰和真理。這個真理已經經過成千上萬人的檢驗，只需要透過合適的方法手段加以運用。

19很久以前，人類能看到的不過是頭頂上的一片天空。人類要想定位數億英里以外的星球，沒有足夠倍數的望遠鏡是萬萬做不到的。因此，科學也在不斷發展，更大、更清晰的望遠鏡被研製出來，人類因此更多地瞭解了天象的知識，不斷收穫巨大的成果，人類的視野變得異常開闊。

20人類對精神世界的領悟也是這樣，精神的望遠鏡也在不斷更新換代。人們在與宇宙精神及其無限可能相聯繫的方法上，也在不斷獲得巨大的進步。

21事物之間有著強大的吸引力，宇宙精神透過引力法則在客觀世界中彰顯。每個原子對其他的原子都產生了無窮大的引力。萬物正是透過這種吸引、結合的法則相互聯繫在一起。這個原理是有普遍意義的，也是一切現有結果賴以產生的唯一途徑。

22生長是生命的表現，生長力透過宇宙原理得到表達，這種表達最為美麗壯觀。為了生長，我們必須獲得生長所需的必需品，因此，成長是建立在互惠行為的條件上。我們知道，在精神層面上，同類事物相互吸引，而精神的振動只對那些與它們保持和諧一致的振動做出回應，對與它相悖的事物視而不見。

23 富裕和貧窮是天生的敵人，富足的想法只對那些類似的意念產生回應。人的財富與他的內在一致。內在的富足是外在富足的祕密，它吸引著外在財富來到你身邊，而拒貧窮於千里之外。人類真正的財富資源在於他的生產能力。他會不斷地付出、給予；他付出的越多，收穫的也就越多。因此，一個人如果在他所著手進行的工作中投入全部的身心，那麼他的成功是無可限量的。

24 思想是借助引力法則運行的一種能量，它的最終展現是客觀世界的豐裕富足。那些華爾街的金融大亨們，那些產業領袖、大律師、政治家、發明家、作家、醫生，他們除了自己的思想，還有什麼可以貢獻出來增進人類的福祉呢？然而他們只是貢獻了思想就令他們的形象無比光輝。

25 宇宙精神是保持平衡狀態的靜態精神或物質。我們的思考能力使宇宙精神在形式上分化。

26 力量取決於對力量的認識。如果我們不去運用力量，我們就會失去力量。如果我們不認識力量，又如何去運用它呢？對精神力量的運用，取決於意念的集中。意念集中的程度決定著我們獲取知識的能力，而知識不過是力量的代名詞。

27 專注是現在的熱門話題，也是許多人成功的祕訣，意念的集中是一切天才的特質。這一能力的培養建立在練習、實踐的基礎上。

28 人體就像一部不停運轉的複雜機器，需要吐納，需要新陳代謝。我們本週的練習是把注意力放在自己的創造力上，認識到，個人肉體的生存、行動，需要靠空氣來維持，必須呼吸，才能活著。接下來，讓思想停留在這樣一個事實上：人是精神的生存，行動也是如此，需要吸收一種更為微妙的能量，才能延續下來。

29 沒有種子，就不會長出幼苗，更不會有日後的參天大樹。在自然界中，如果沒有播種，就沒有生命長成；結出的果實絕對不會比生育它的植物本身高一個等級。同樣，在精神世界中也是如此，只有播下種子，才能結出果實。而結什麼樣的果實，則取決於種子的性質。所以，你一切的境遇都取決於你對這種因果循環法則的領悟，這種認知是人類意識的最高境界。

心靈訓練 lesson ⑱

與趣產生動力，每個人都把做自己喜歡做的事當作享受，而把做自己不喜歡的事視為折磨。注意力集中的動機是興趣，興趣越高，注意力越是集中；而注意力越是集中，興趣就越大，這是作用和反作用的結果。讓我們從注意力的集中開始做起。這樣，不久就會激發起你的興趣；而興趣的產生會引起你更多的注意，這種注意力會引起你更多的興趣，如此不斷地循環往復。

重點回顧

1、個體生命之中的差異如何衡量？
藉他們生命之中所彰顯的才智來作衡量。

2、個體透過服從什麼法則，才得以掌控其他形式的種種才智？
藉由認知自我是宇宙智慧的個體化。

3、創造力的來源是什麼？
是宇宙。

4、宇宙如何創造外在形式？
藉由個體。

5、個體和宇宙之間的聯繫是什麼？
是思想。

6、實現生存方式的原理是什麼？

是愛的法則。

7、這種法則是如何表現出來的呢？

是以生長法則表現的。

8、生長法則取決於什麼條件？

取決於互惠行為。個體無論何時都稱得上是完整的，這決定著我們付出的是什麼，收穫的也是什麼。

9、我們付出的是什麼呢？

是思想。

10、我們獲取的又是什麼？

還是思想。思想遵循守恒定律，我們的所思所想變化萬千，因此思想的表現形式也不盡相同。

第十九課：知識戰勝恐懼

恐懼是由某種危險所引起的消極情緒，通常個體認為自己無力克服這種危險而試圖迴避。恐懼無論在動物界還是人類，都是廣泛存在著的一種情緒反應，動物遇到天敵或處境危險時都會表現出恐懼，而人類因為有了語言和文字，恐懼的對象變得更為廣泛，尤其是人類極其豐富的想像力及其特有的象徵性思維，使得恐懼更是無處不在，無時不有。

恐懼是思想的一種強而有力的形式。恐懼是由腎上腺素分泌產生的，它能夠麻痹神經中樞，影響到血液的循環，而這些反過來又會影響肌肉系統。因此，恐懼影響著整個生命存在，身體、大腦和神經，這些影響包括身體的、精神的和肌肉的。

害怕、不安、擔心、恐怖、驚嚇、驚慌、擔憂、猶豫、膽怯、困擾、不安全感、憂心忡忡、沮喪、驚恐不安、驚駭、驚惶失措、畏懼、戰慄、大禍臨頭、末日將至——這些人類社會描述恐懼的辭彙是如此的豐富，足可證明恐懼的普遍存在，可見人類戰勝恐懼的任務是何等的艱巨。

當我們全心全意只想著自己的時候我們就會感到恐懼，如果我們能夠把注意力轉移到別人身上，恐懼就消失了。總而言之，恐懼是一種過分的自我關注。當然，戰勝恐懼的方式是對於力量的認識。被我們稱作「力量」的這種神祕的生命力到底是什麼呢？我們不知道，但這並不影響我們使用這種力量。

生命就是如此。儘管我們不知道它是什麼，可能永遠也不會知道，但我們卻知道這是一種運行在生命體中的主要力量，只要遵循這種力量的法則和原理，我們就足以讓這種生命的能量如滔滔江水般湧入自己的胸懷，提升生命的潛能，從而最大可能地釋放精神、道德和心靈的功效。如同我們不知道電是何物。但是我們卻知道如果遵循電的法則，電就會成為我們聽話的僕人；它能照亮我們的家庭、我們的城市，使機器發動起來，並在其他方面為我們服務。

1 人類對於真理的探索，是一種合乎邏輯的運作，是系統化的進程，不再是盲目的探險。經驗在成型之前，我們都能在意識中得到指引。

2 追根究柢，所謂的探索真理，其實就是在探索終極動因。回顧人類發展史，每一次經歷都會有一個結果，一旦我們能把經歷的原因確定，就能夠據此有意識地加以控制，如此一來，我們自身一切的遭遇都能在我們的展望和掌握之中。

3 按照這種說法，人生，絕不是一場命運的球賽；人，也絕不是際遇的玩偶。我們要做自己命運的主人、際遇的舵手，就像司機駕駛火車和汽車一樣，牢牢握住自己人生的方向盤。

4世間萬物都流轉在同一個體系，彼此之間絕不是彼此孤立，或者是相對立的；它們之間都有著千絲萬縷的聯繫，在一定條件下可以相互轉化。

5物質世界中存在著不計其數的對立面：一切事物有不同顏色、形狀、大小，有兩極，還有內外；有肉眼看得到的，也有我們肉眼無法觀察到的。這其實都是我們人類為了方便稱呼而賦予它們的不同名稱。所有這些，都只是表達方式上的差異。

6一個事物的兩個方面被我們冠以不同的名稱，實際上，這兩方面都是相互關聯的，絕不是兩個獨立的實體，而是這個整體事物的兩個部分。

7精神世界的法則與此無異。就好像我們經常用兩個詞——「知識」和「無知」，其實，無知只是知識缺乏的一種狀態，說到底在表達一個意思。

8同樣的規律在道德世界中隨處可見：「善」與「惡」，「善」是有意義的，也是可以被觸摸感知的，而「惡」呢，無非是一種反面的狀態，「善」缺席，就變成了「惡」。儘管有時候「惡」同樣也是一種客觀存在，但是它沒有法則可循，沒有生命，缺乏活力，總是被「善」摧毀，就如同光明驅走黑暗，真理打敗謬論一樣。當「善」現身，「惡」就會絕跡。因此，在道德的世界中，只有一個法則，那就是「善」。

9在精神世界中也同理可證。就好像我們說到的「物質」和「精神」，聽起來似乎是兩個獨立的實體，但是無可置疑的，精神世界中只存在唯一的法則——精神的法則。

10物質是不斷變化，更新替代的，在漫長的時間長河裡，一日和千年毫無區別；而精神卻是永恒真實存在的。如果我們地處一個大都市，看高樓大廈，看車水馬龍，看霓虹閃爍，其物質文明都絕不是一個世紀之前的人能想像、企及的。而如果我們的子子孫孫在百年之後依然站在我們今天的位置看這個物質世界，他對我們今天所擁有的一切依然會毫無概念，今天的一切早就在歷史的長河裡消失得無影無蹤。

11這唯一的變化法則依然可以通用於動物世界。成千上萬的動物在度完自己短短幾年的生命之後消失了。植物世界亦然，多少植物有著曇花一現的光景，那僅僅擁有一年生命的草本植物……也許只有在無機世界中，我們才能期待更永久一點的存在。然而，滄海桑田的變幻讓我們無奈：曾經的洶湧大海如果變成了陸地，曾經的湖泊如果聳立起高山，站在約塞米蒂國家公園的大峽谷面前，我們會無限感慨曾經被冰川吞吐之後留下的斑斑履跡……

12我們，時刻處於瞬息萬變之中，變化的根源來自於宇宙精神的演變，萬事萬物都逃不過這個最初的體系。物質，不過是精神借用的一種形式，一個條件，本身沒有任何原理、法則可言，主宰世界的唯一法則和原理就是——精神法則。

13就此，我們完全可以篤定，精神法則通行和主宰了物質世界、精神世界、道德世界和我們人類的心靈世界，是唯一和不可替代的。

14 要知道，精神是處於靜止狀態，是靜態的。人類的思考能力是它作用於宇宙精神並使宇宙精神轉化成動態心智的能力。精神的運動狀態就形成了我們所謂的動態心智。

15 要運動就必須具備充足的動力燃料，食物就是這些燃料的物質形式。一個人不吃東西就無法思考。精神的運動行為，也就是我們所說的思維過程，如果沒有借助一定的物質手段，當然也就不可能轉化成為快樂和福祉的泉源。

16 因此，人要思考，要讓宇宙精神發揮作用，就必須借助食物——這種物質形式提供能量。這就好比要把電力轉化成動態能量，就首先需要一定的能量創造電力；要想讓植物茁壯生長，就必須借助陽光提供能量。

17 說到這，你應該已經明白，思想從不停止地在客觀物質世界中成形，尋求表達的出口。即使你還沒有意識到這一點，你也絕不能忽視這樣的事實——你強大的、積極的、頗有建設性的思想會呈現在你的健康狀態、事業經營的狀態，以及你的生活際遇中；而你那些負面的、軟弱的、具有破壞性的思想，也會在生活中帶給你恐懼、不安、憂慮的情緒，讓你的生活變得困頓、頹喪，在你的事業、感情中產生不和諧的音符。

18 力量產生財富，財富只有被賦予力量時才會真的變得有價值。世間萬物，都表現為一定的形態和一定程度的力量。

19 蒸汽、電力、化合力、重力的原理都無一例外地重複論證著因果循環的不變真理，它讓人能夠大膽無畏地制訂並執行計劃。自然法則統治整個自然界，然而，精神能量與自然物質的能量是並存的。所謂的精神能量，就是來自我們人類心靈和心理的力量。

20 我們習得知識的中小學，乃至是大專院校，都只是我們精神能量的發電站，用來開發我們心靈潛力的地方，除此之外，沒有任何持續性的價值。

21 要想讓看起來那麼笨重的龐大機器運轉起來，就需要有很多的發電廠為它們提供能量。人類發掘了很多原材料，被轉化之後可以增強我們生活的舒適度。與此類似的，我們的精神發電廠也需要尋覓這樣的原材料，同時加以開發培育，最終要轉化成遠高於一切自然力的能量。如此看來，比起這些看起來神奇非凡的自然力，精神力量似乎要顯得更為偉大和高深。

22 那麼，精神發電廠需要尋找的原材料到底是什麼呢？是什麼材質才能最終轉化成能夠控制其他一切能量的力量呢？這種原材料的靜態形式和動態形式分別就是精神和思想。

23 這種能量存在於一個更高的層面上，超越一切，它使得人類能夠發現自然界的法則，使得人類能夠開發和利用自然界偉大神奇的能量，跨越時空的距離，戰勝重力原理，這是人類幾代人或者幾十代人的辛苦工作都無法成就的。

24 思想，充滿能量，不斷發展。在上半個世紀以來，它就創造了無數看似不可能的奇蹟，這在前五十年，甚至是前二十五年都無法想像的。如果精神發電廠在這五十年之內就築就出這樣不可小覷的輝煌，那麼，可以推想，下一個五十年之後的我們，又會站在一個怎樣的高度了呢？

25萬物之源，無限廣大。從科學的角度講，我們知道，光傳播的速度是每秒十八萬六千英里，宇宙中有很多星球上的光線經過二千多年才到達地球，而光的傳播形式是光波，光線傳播的乙太（能媒）只有是連續的，光線才能穿越那麼漫長的距離到達地球。因此，我們可以確信：物質產生的本源，也就是乙太（能媒），是普遍存在的。

26在形式上又如何表現呢？聯繫到電學中來講，我們把電池的兩極——銅和鋅的兩極連接起來，就形成了電路，電流在其中通過就產生了能量。其實，任何兩極都會出現類似的情況，同時還因為所有事物的外在形態都跟它振動的頻率有關，說到底就是原子之間的關係。因此，我們只有透過改變事物的兩極，才能期望去改變客觀環境中的表現形式。這就是所謂的因果循環。

27透過現象看本質，我們必須從思想上充分意識到，一切事物的表象都並非真實：地球不是靜止的，也不是方的；太陽沒有繞地運行；天空也絕不是我們看起來的那個巨大的穹蒼；星星並非只有那麼一點點微弱的光芒；物質也不是像我們所認為的那樣靜止不動，而是處於永恒的運動狀態之中。

28按照這個思維走下去，總有一天——也許就在某個拂曉時分，我們知道了越來越多宇宙精神的運行原理，人類所有的思想和行為模式都會因此而做出調整和改變。這一天，將指日可待！

心靈訓練 lesson 19

我們早已習慣靠每天的進食，來源源不斷地給身體提供所需的養分和能量。在吸收精神食糧方面，我們當然也需要多一點的耐心和堅持。本週你們可以每天嘗試花上短短幾分鐘的時間來做集中意念的練習——全身心地沉浸在你的思想所能觸及的客體中，不接受外部任何其他的刺激和影響。記住，一定要專注，要投入。

重點回顧

1、兩極是如何相互對照的？

它們被賦予獨特的名字，比如，內和外、光和暗、好與壞、頂端與底部等。

2、這些是獨立的實體嗎？

不是，它們都是整體的部分或不同方面。

3、在物質、精神和心靈世界中有一個創造性原理，這個原理是什麼？

是宇宙精神，即永恒能量。萬物都是由它而來。

4、我們如何與這個創造性法則相聯繫？

透過我們的思考能力。

5、這種創造性法則是如何運行的？

思想是種子，思想引發行為，行為產生現實中的結果。

6、事物的本質是什麼？

是一種振動的頻率。

7、這種振動的頻率如何發生改變？

透過精神行為。

8、這種精神行為又基於什麼？

基於兩極的作用，也就是個體和宇宙之間的作用和反作用。

9、這種創造性能量是發源於個體還是宇宙？

源於宇宙，然而宇宙只有透過個體才能把這種能量彰顯出來。

10、為什麼個體是不可或缺的？

宇宙是靜態的，它需要能量來賦予它推動力。這種推動力由何而來呢？食物轉化為能量，而能量使個體得以進行思考。當人完全停止進食，他的思想也終止了，這時他也就不再作用於宇宙，他和宇宙之間作用與反作用的行為也終止了。

第二十課：思想主導一切

從古至今，人們都從未間斷過對一個問題的探討，即「惡從何來」。因為宗教向我們詮釋了神的全知全能以及對眾生的普度與關照。既然神愛我們，那麼世間上又為何仍存在眾多邪惡與黑暗，又為何要區分出地獄、天堂？

神即為眾生，萬物之靈。

上帝按照自身的形象創造了人。

眾生、萬物、人皆起因於創造，因此創造力才是神，或稱之為靈。

所以，人也是創造力的產物，是內部世界的「精神」在外部世界的一種形式的展現。

這種精神具有一種特殊且唯一的屬性，即思考。

思考所表達出的思想即是創造力的不斷再現，是創造的過程本身。

所以，世間的一切都可稱之為思想過程的產物。

外部所顯現的世界中不論發生或毀滅皆是創造力的產物，也就是思想過程的產物。

世間人們肉眼可見的各種發明創造、組織結構，以及建設性活動，都是思想產物。

創造力的產物。

當思想的創造力締造出對人類自身有益的或所謂好的、人們嚮往的結果時，我們就稱這個結果是「善」。

當思想創造力產生出對人類自身有害的或所謂壞的、不希望見到的結果時，我們就稱這個結果為「惡」。

如此這樣我們就可以簡單的區分善、惡。同時也解釋了它們的起源；創造本身不過是思想的過程，而善與惡的名稱皆用來形容這種偉大創造過程所產生的不同「果」。這個「果」即是思考或創造過程所產生的。

不同的思想決定著人類行為種種，我們又以不同的人生行為產生出不同的人生之「果」。

第二十課對於這個深入且重要的話題進行了更多的闡述。

1 精神具有永恒不變的屬性。我們依照精神的表現而證實自我的存在。精神表現出何種自我，我們也就的確是精神所再現出的模樣，如若精神消失，那麼人也就隨之消失。當我們深刻領悟到精神的主觀能動性時，精神就會因此而受到激發並變得更加活力充沛。

2 當我們對身邊可用的資源十分明瞭時，我們才會對它們加以運用。就像我們知道我們擁有財富，便會使用財富去改造或經營我們的生活。但如果你從不知道它的存在，也不懂得加以運用，那麼任何事物的存在對你都將失去意義。因此，當我們沒能意識到這種巨大精神財富就真實地存在著，我們也同樣不會利用它去為我們創造更有價值的東西，因此如果想得到精神的幫助，就要瞭解它、相信它、運用它。

3 認識與瞭解是一切事物被創造出的基礎，創造力的巨大作用要依靠於主觀意識和思考過程而產生。它們的合作作用將我們內在的、肉眼不可能看見的主觀世界轉變為可見可知可觸的外部世界中的一切環境或遭遇。

4 生存的價值往往可以藉著思考展現出來，透過思考，人可以獲得巨大的潛能。終其人的一生，其實每一分鐘無不是依賴著思想和意識的創造性活動而存在。思想猶如一隻神奇而有力的大手，操控且美化著我們的生活。如果我們對這隻大手的魔力一無所知，那麼生活又將變成怎樣？

5 我們無法想像，如果你真的如上面所說的那樣，對這隻無形的大手始終一無所知，那麼我們就如愚鈍者對於世界的認識，片面而淺薄。會不由自主地將自己的命運交托到思考者的手上，他們借助於思考，增強了自身的力量，輕易地將我們的生活主宰。這種主宰不必依存於任何財富的收買或暴力的干預，僅僅是透過他們的主觀「心力」即可以將我們的命運拿捏、把玩。因此不去思考的人在生命的路程中，必將走更多的彎路，比思考者付出更多且完全無必要的艱難與辛苦。

6當我們一旦掌握了思考可以創造一切、並能夠改變一切的力量法則，我們即可以完全地信任並使用它，因為一切法則都應該不改變。這樣我們才可以持續不斷地將這些原理、方法、能量以及精神產物領悟透徹，從而開闢出我們自身與最強大的宇宙精神之間的通道。

7當我們信任並使用這種法則，它自身的恒定性就必將給我們的生活帶來福音，我們可以藉此與宇宙精神保持連接，去領悟和實踐它的能量，同時，宇宙精神也依靠我們個體去創造和改變世間萬物。

8當你逐漸體會到你完全可以藉著思考過程做到與宇宙精神本質的合而為一，那麼此時此刻的你將可以成功地轉變為宇宙精神的信使。你的所作所為皆是宇宙精神在世間的真實再現。行動吧，此時你手中正執著一把金光閃閃的利劍，它賦予你無窮的力量，頭腦中的創造力也正如一場正熊熊燃燒著的烈火將你生命中的所有激情與能量釋放、點燃！這種龐大的力量將你的生命推至無限活力與能力的巔峰，與宇宙中那無法所見的精神相連。它對於你的激發與幫助，使你可以完全地信任並依賴它，果敢地始終使用這種能量去改造和美化你的生活。

9那麼當你預先想獲得這種能量之時，就要給自己創造出一種平和而靜寂的內心環境。這種靜默之中所感知到的力量泉源才是最真切而具體的。讓宇宙精神在你的身上一如海面中漂泊的五色瓶，唯有平靜的海面才可以使它愜意而舒緩地漂浮於上，讓其在陽光的照射下折射出迷人的光芒。

10 當你領悟了這種力量的使用方法，你就要去不斷地琢磨和思考這種方法的整個過程。當你無數次地在你的腦海中勾劃出它的形象並對這個過程瞭如指掌，那麼你就猶如被上天戴上了一頂智慧的光環，無論身處何時何地都可以對這種力量控制自如。

11 我們也許無法窺探到我們內在世界的全貌，但它卻實實在在地存在如我們的思維中。當你相信它的存在並去認真找尋、練習、揣摩它，你就會發現其實它是一切存在的最根本。它不僅可以幫助你，同時也可以幫助身邊的所有人慢慢瞭解自己的內心，瞭解一切人、事、環境的內在與外在，從而締造出自己內心中的王國，並經過自身的努力將美好的「天國」夢想變為現實。

12 這個法則的永恒不變性同時也為我們帶來了另一個難題，什麼樣的思維就會產生什麼樣的結果。即使結果是「惡」的，那也是由我們自身而來。這一法則的運行從來都是精確無誤的，絕不偏離。如果我們思考的是匱乏、局限、混亂，我們就會處處遭逢惡果；如果我們思考的是貧困、不幸、疾病，那麼思想本身就為我們打開了人世間的潘朵拉魔盒，各種劫難皆會接踵而來。有其因必有其果，因果始終如影隨形。若我們自身恐懼這些災難，那麼災難就會降臨到我們身上，如果我們的思想冷酷而愚昧，我們將面對的也必是存於無限未知中的惡果。

13由此我們已知這種能量同時具備著創造性和毀滅性，它既像光環也像孫悟空的緊箍咒戴在我們的頭上。我們如果掌握了恰當的使用方法，人生就猶如得到了上天的庇護，它將時刻賦予我們能量與希望；但如果我們錯誤地使用了它，也極有可能為我們自身招來災難性的後果。借助於這種無窮的力量，我們可以自信而勇敢地去實踐以往生活中我們曾因恐懼、擔心、能力不足而放棄了的想法與願望，那時你會發現靈感與天才已絕非普通人一生都不敢想像的夢。

14創造性思維為我們帶來非同凡響的靈感。非常的想法就必須借助於非常的手段與方法去付諸實施。我們要擁有打破常規的勇氣，直到我們能夠認識到一切力量都必源於我們自身內在，靈感也會隨之源源不斷而來。

15靈感是一種實現的藝術。是個體精神透過與宇宙精神的合而為一並據世間情形做出適應與調整的藝術。它懂得用有效的機制去保障自己運行的通暢性並可以將世間的一切無形，透過思維轉化為有形的再現。它可以將不完美變成完美，將無形變為有形，將不可能變成可能。靈感正是經由自身的實現過程協助我們完成了我們自身的實現過程。

16這種無限的力量無處不在，它不僅存在於無限廣大的空間當中，也存在於我們無法想像的微小空間之中。無論何時何處我們只要接受並掌握這樣的事實，也就掌握了這種力量精神。它恒定不變的本性使它因此不可再細分，它的穩定使我們隨時隨地可以求助於它。

17 理性與情感從來都是一對密不可分的夥伴。當我們已經從理性上完全接受並信任這種力量時，我們的情感又是否與我們的夥伴一起信任並接受它呢？一種觀念或方法的植入需要全面而良好的土壤，當情感也開始接受並一起發揮作用時思想才更會煥發出勃勃生機。

18 當我們準備孕育靈感時，一定要為它創造平和而安靜的環境。讓自己的肌肉放鬆，感官靜止，進入到休眠狀態，我們可稱其為完全的「寂靜」。當你體悟到了自身的平衡和力量時，就可以愉悅而放心地去接受靈感及智慧的洗禮。

19 靈感力量的獲取並非迷信或者巫術，它們全無相同之處。靈感是經過領悟與思考，運用正確的方法從「安靜」中獲得。作為接受者，它為我們的生活帶來無窮希望與改變。當我們領會了這種無形的力量便抓住了人生中一次最為重要的命運機緣，它非但沒有使我們變成它的奴隸，反而作為服務者更加熱切而忠實地協助我們，賦予我們無窮力量，使我們在生活中逐漸變得能力非凡。

20 透過呼吸，我們可以給生命提供更富足的養料，無意識的呼吸與自主的有意圖的呼吸會產生完全不同的結果。當我們意識到了這一點，那麼我們就要調整自己的意識狀態去主動地認識並接納這種行為背後的意義，並透過情感上的主動性確保它能夠持久且堅定地被執行。

21 需求帶來供應的必需。當我們有意識地去增加需求，那麼身體的力量也會幫助我們去發掘這種需求並積極配合，同時給予供應的增加。生命因此而變得更加豐富，能量、活力都會較之以往大大增強。

22 這個道理其實很簡單。同時還有另外一個生命的奧祕是幾乎從來不為人所知。如果我們能夠真正的瞭解並掌握它，就會為自己的生命帶來一個最有意義的偉大發現。

23 是否有人曾經告訴過你，有這樣一種物質，充盈於我們整個生活當中。我們生活並存在於「它」其中，也同時在「它」中呼吸、運動。「它」被解釋為「靈」。「靈」被解釋為「愛」。因此每當我們呼吸，吸納到體內的都是這種生命、這種愛、這個靈。這就是「氣能」，雖然我們常常會提及它，但並不知曉它會在我們生活中有著如此巨大的作用，氣的存在不可或缺，它可以被看成是整個宇宙的能量。

24 每當我們呼吸的時候，肺部在吸入空氣的同時也吸入了這種「氣能」，讓生命本身徐徐注入到我們的體內，由此，我們就可以與全部的生命、智慧及物質聯繫起來。

25 建立自身與整個宇宙的和諧統一，並積極不斷地與其保持一致，這樣就可以逐漸使我們遠離疾病、困境與眾多限定的規律性，走出消極生命的籬笆，透過陽光、宇宙能量，更藉由自身的呼與吸感受到真正的生命氣息。

26 宇宙精神藉由我們的身體可以自由地扎根、生長，它在我們的體內可以協助並控制我們自身創造力的維持與增長。超自然存在的生命氣息讓我們體覺到「真我」的精華。

27 思想的創造性本身有一種永恒不變的規律，那就是「種瓜得瓜、種豆得豆」。最終我們想獲取什麼樣的思想，必然依賴於這種思想被創造時所處的環境。我們自身擁有什麼，才會提供給思想以什麼樣的物質，不同的環境所造就的思想也截然不同。無論我們創造得好壞，那都是我們自身所產生的結果。因此，我們的所作所為完全和我們的「存在」本質相吻合，而我們的存在取決於我們的「思想」。我們的思考結果也總是與我們的思想狀態保持著驚人的一致。如若想保持思維的正確性不致偏離方向而產生錯誤的結果，那麼比較簡單而有效的方法就是始終如一地與宇宙精神保持統一。這樣就不致因混亂不堪的思想，產生出破壞性的結果。就如你掌握了創造力的金手指，你可以用其造福自身，也可因用其不當將自身毀滅。當心這種神奇且具大的創造潛能，它可載你，也可覆你。

28 意志能夠幫助我們遠離這種境地嗎？答案是否定的，「自由意志」提供給我們的危險，遠非個人意志力可以強制性地迫其結果進行改變；創造力的基本原理普遍存在，那種寄希望於藉個人意志使宇宙力量依存我們的想法是一種對事實原則的歪曲。因其本身與宇宙精神背道而馳，即使一時可僥倖成功最終也難逃惡果。

29 面對強大而不可抗拒的宇宙力量，如若希望它能夠幫助我們，就不要妄圖透過主觀意志去操控它。只有虔心真誠地去順應它，與其達成實質上的和諧統一，才有機會被賦予相同的能量，獲得與其協調一致地去創造、去為自身理想工作的機會，才能在最大程度上激發出內在的自我潛能，創造生命中的奇蹟。

心靈訓練 lesson ⑳

這一週的作業是，給自己創造平和的心境。進入到我們所謂的「安靜」的狀態中去，接下來調整思考一個道理——我們自身作為「氣能」之中的一個個體，與其有著怎樣的關係？我們存在於其中，它無所不在。如果它是「靈」，那麼我們也必將按照它原有的樣式被創造或改變。在精神上你和它是有著共同的核心與本源的，所不同的僅僅是程度的區別。如果你與它僅有程度上的區別，那麼在所有的特性上你們就應該完全相同。只有認識到這些，我們才能把握自身，區分出善惡之果、悲喜之源。這種思考會使我們與「靈」做到真正的和諧統一，集中我們的意念去解決我們生活中所要面對的所有問題。

重點回顧➤➤➤

1、力量在什麼樣的情形下才可產生？

當我們真正去認識並使用它。

2、意識指什麼？

意識即認識、瞭解、知道。

3、怎樣的方式可以認知力量？

思考的方式。

4、什麼是人生中最為珍貴的？

科學而正確的思考能力。

5、正確的科學思考是指什麼？

我們透過對宇宙精神的遵循來調整我們自身的思考過程，從而與自然法則保持和諧一致。

6、如何實現這種和諧一致呢？

透徹而準確地理解精神的永恒法則、力量、方法與組合。

7、什麼是宇宙精神？

宇宙精神是一切存在的基礎與本源。

8、為什麼生活中會出現局限、疾病等各種不良的結果？

這些負面情況的產生方式，與一切積極、理想的結果的產生方式是完全一致的，它們雖然遵循著同一個法則，然而正因為這個法則的運作公正無私，所以當思想本身發生偏離時，運用這一法則所創造出的也必將是不良的境遇或結果。

9、何謂靈感？

靈感是一門無所不在的藝術。

10、我們如何能知曉是什麼決定著我們所遭遇的各種境況？我們自身意念的方向性。因為，我們是什麼，就會得到什麼；同時我們做了什麼；我們想了什麼，又決定著我們最終會成為什麼。

第二十一課：改變人格徹底改變環境

經過前二十課的學習，我們已基本瞭解這種經典原理法則的特性。從本課的內容中，你將會學到如何在現實生活中採用積極思考的方式去獲得靈感，以期達到大智大慧或大能的設想。

在本課中，我們將會向你揭示祈禱的祕密，為什麼我們曾認為祈禱會帶給我們神奇的力量？經過學習你會發現，事實上一切曾在我們的意識中出現過的想法，都會在我們的潛意識中留下痕跡，這種痕跡被長期貯存於我們的大腦中並逐漸形成自己固有的運行模式，也正是依據這種模式，創造開始為我們創造性地解決生活中的一切問題。

宇宙遵循有序的法則而運作，否則世界將變成無序的混沌。所以包含於大宇宙之中的事物皆可有其相對應的因果。外部環境相同的情況下，即因相同的前提下，必定會產生相同的果。我們對上帝的祈禱也是如此，當我們向上帝祈禱並獲得恩允，那麼我們也勢必在以後或從前的祈禱中獲得恩允。這一點正遵循了宇宙有序運作的法則。無形的祈禱其實也遵循著同地球引力法則非常相似的法則，它們絕對、準確、科學。

但是，即使很多人從出生後經過學習都會認識很多知識或定理，但卻極少有人會真正瞭解祈禱的法則。祈禱所遵循的精神法則還未被我們發覺或意識到時，已經存在於你我身邊並恒久不變的運行著。直至今天我們才得以證明並逐步認識到這個法則不僅準確且科學而嚴格。

1 當我們意識到宇宙精神能給我們帶來巨大力量，我們就可以讓自己與宇宙精神和諧統一。宇宙精神本身將會亙古不變的存在，永不消失。面對這個要與其保持一致的偉大目標，唯一可能產生阻力和困境的可能會是一些外因的限制和不足，但只要你從潛意識中緊隨宇宙精神的本質，就一定會從局限、禁錮中解脫出來獲得可望並可及的自由。

2 當我們意識到我們內在力量的巨大作用，就可以從這種自信中獲得力量與鼓勵，使這種力量持續而不竭。

3 宇宙精神沒有邊界，它博大而不可再分。作為一個整體形態，它是萬物產生的根源。我們作為一個單純的個體，是用來展現它龐大力量的細小支流。我們的思想同樣依據這樣的法則得以在客觀世界中顯現。

4 宇宙精神自身所具有的無限力量猶如一個取之不盡、用之不竭的生命源頭。宇宙精神之於我們每一個個體就如同母體之於胎兒，我們藉由精神上的臍帶與宇宙精神獲得骨肉相連，從而源源不絕地豐盈自我的精神思想和思維生命。我們藉由這條臍帶獲得生命及生活所需的全部精神能量。

5偉大的精神行為指引我們從困境中獲得新生。精神行為力量的強弱則取決於對宇宙力量法則的瞭解。所以，當我們逐步將自身與宇宙精神高度一致起來，我們就會從中獲得更強而有力的能量去改造或控制內部世界以外的困境。

6如何在學習運用精神力量的路途中把握方向並確保不被不良傾向所誘導？在精神理念的領域中有這樣一種法則，即宏大的理念可以逐漸瓦解、抵銷，或摧毀渺小的理念。這個法則可以協助我們清除前進路途中的種種阻礙，逐步進入更加開闊的思想領域之中。廣闊的思想會引領我們看見比以往更高更遠的人生價值與目標。

7精神自身強大的創造性能使我們獲得內心所嚮往的任何勝利與成功。具有了如此巨大能量即具有了大智慧、大能力，具有了更加開闊的眼界和寬廣的胸懷。精神能量自身並不會因外界困境的強弱而有所改變。敵人無論強悍、弱小，精神能量都能應對自如。

8上面我們曾提到，一切思考產生的結果只要在意識中存在過，就會留下印記，這種印記經過轉化形成了一種創造性的能量，去改變生活與境遇。我們靠著領會精神事實，便可清晰瞭解如何將意識中的內在世界植入到外部世界當中。

9我們所身處的環境與生活就是我們內在世界的外部顯現，我們固有的心態會折射至行為與客觀世界之中。正確的思考方式實際上是一門科學。

10當思考印記留存於頭腦之中，它會因其傾向性而引導精神發展的方向，精神的發展特點又將左右人的性格、能力和一切意圖、傾向。所以說，精神傾向決定人生經歷。

11物以類聚，相同品性的事物總是相互吸引。什麼樣的心態就可能招引什麼樣的外部境遇，它對於外部世界相似事物的吸引力遠遠大於我們的想像。

12如若我們希望將我們的人生加以改變，那麼最簡單且唯一可行的方法即是將我們內心世界的想法付諸改變。我們將心態稱之為人格，來源於我們頭腦中的思想。當心態改變後，人格隨之改變，最後直至改變身邊的所有人、事物與環境。

13改變自身心態之路並非輕而易舉，只有透過不懈的努力才有可能得以實現。當我們受到阻力時我們可以運用形體化的藝術作用援助自己，即將頭腦印象中負面的消極圖像用可令自己興奮的正面圖像加以取代，從而形成圓滿而令自己滿意的精神圖像。

14在保存內心理想圖像的同時，請不要忘記將要實現這些願望時所必須具備的決心、能力、才華、勇氣、力量或任何其他精神能量等一併貯存，並放在你內心的最深處，因為這些圖像所必不可少的因素會更加容易地將你的精神與理性完全融合和兌接，賦予頭腦中的精神圖像以勃勃生機。

15當我們追求目標時，請自信於自己可以達到理想中的最高境界，因為此時你已經被賦予了強大的力量泉源的支持，完全有能力應付眼前的一切。當我們堅定不移地朝向最高目標而努力，精神能量就一定會把最高理想的現實送至你的手中。百煉成鋼的道理在這裡依然適用，任何事物只要我們長期不懈地堅持，多次重複就會逐漸形成習慣，習慣後的行為在實施時顯得是那樣輕而易舉。同時，如果我們努力避免壞習慣也會使我們逐漸從中解脫。努力實踐的過程並非一帆風順，只要堅定這個付出必有所得的法則，我們就可以戰勝每一個困難險阻。

16你此時一定為這條法則而歡欣鼓舞，放心大膽地去實踐它吧！一切皆有可能，即使看起來最難改變的人類天性也會被重新塑造，只需你將自己想像成你理想中的樣子。

17人的生命本身會為客觀世界輕易地改變和影響，如若不依靠堅實的理念，思想本身會受到眾多阻難。我們要讓創造性、建設性的思想同消極、負面的想法不斷鬥爭，直至創造性的力量壓倒可憐的受表象支配著的負面想法。

18在實驗室中運用顯微鏡或望遠鏡鍥而不舍地觀察世界的人們是創造性思想最英勇的實踐者。這些科學家們與企業家、政治家們一路將創造性的思維力量應用於身邊的工作與生活。他們不會像消極者那樣只關注以往的經驗而不去信任自身的開拓力量與潛能，他們不會把肉眼可見的權力與利益等擺在生命的核心。

19在追求更高生命意義的道路上，也如逆水行舟不進則退。生活最終將以嚴格的評判標準將人類區分為兩種，運用創造性思維奮力拚搏的精神追求者與循規蹈矩、從不改變自我的保守者。對於千變萬化的世界，不會存在原地踏步的境地，所以當我們評判自己是哪一個隊伍裡的成員時，只有兩種選擇，非此則彼。

20人們正處在一個極具競爭、變化莫測的生存空間當中，每一天、每一分鐘世界都在發生著改變。人們對於現今世俗生活所帶來的苦悶、壓抑感高速提升，而且一種企圖改變、毀滅並重建這種生活的願望正如星星之火以燎原之勢洶湧而來。

21那些仍固守於舊秩序、舊世界的衛道士們正在新時代的黎明前焦躁不安的互相安慰，大肆談論固有生活的安定與完美。將已經展現於眼前的未來趨勢掩耳盜鈴地置於腦後，對於新思維、新體制的恐懼使他們畏縮不前。

22人類智慧的不斷發展將帶來對宇宙本性認識的發展與更新。當人們真正將嶄新的宇宙精神理論應用於人類生存體制之中時，諸多社會問題皆會因之而得到改善。社會會變得更加尊重個體的創造與更新，而壓制極少數者對整個社會的控制或特權。

23人們對於宇宙精神的認識需要一個由認知到確信的過程。只要人類一天還處於對宇宙能力理論的懵懂之中，少數的特權者就將多一天借助於神或宿命論來控制這個世界。人與人之間的創造力或行動力都在最大程度上擁有自由，這種自由神聖而不可侵犯，也絕不允許舊有秩序的衛道士們打著各種幌子繼續其罪惡。

24當人們真正領悟到宇宙精神，並能夠將自己與其保持高度統一，就必將會得到它特殊的偏愛與眷顧，所有人類嚮往中的最高理想都會環繞左右。但宇宙精神有其自身的稟性，它剛正不阿、不為吹捧恭維所動，也絕不會因一時之情緒做出不理性的判斷和厚賜。它是公正的、可信賴的、強大的。

請你們在本週思考下面的問題：真理是使你獲得自由的唯一途徑。當我們運用宇宙精神法則去思考和經營我們的生活時，我們就不必再懼怕通往成功道路上的艱難困苦。你透過內在精神的自我強大達到外部世界的同步改變，並且當我們身處「安靜」之中時，我們隨時都可以喚醒思維之中的靈感之泉，使其源源不絕地為我們破譯出幸福人生的密碼。我們可以借助於集中意念而進入那片心靈的淨土，並在這片土地上找尋嶄新的生命中迥然不同的奇遇與機緣。

重點回顧 ➤➤➤

1、力量從何而來？

來源於宇宙精神，萬物由此而生，它是一個整體並且不可分。

2、這種力量透過什麼方式得以顯現？

透過人類的個體作為彰顯自身的支流或管道。

3、怎樣才能使自己與這種「全能力量」和諧統一？

透過思維的思考能力獲得對宇宙能量的感知，我們的內心世界所想即會在外部的客觀世界得以顯現。

4、這一發現意味著什麼？

這是一個偉大的奇蹟，它向我們展開了前所未有、無窮無盡的機遇。

5、我們怎樣使不良的境遇得到改善？

運用自我的內在精神與宇宙精神力量的高度統一。

6、偉大的、先知先覺的創造者與大多數人所異為何？

他們總是思考大的理念，藉此將內心中渺小而卑微的小理念消除、摧毀。

7、經驗是怎樣產生的？

透過固有的理念與法則而產生。

8、這一法則如何運行？

透過我們對事物的控制、支配心態。

9、新舊體制之間有哪些區別與差異？

區別在於對宇宙本質的理解與認識。舊體制借助「神的選擇」控制眾生，新體制強調人類神性的一面、認同人的自由與民主。

第二十二課：健康是過去思考方式的結果

在第二十二課中我們將會帶你領會，任何思想都可以在我們潛意識的意識層中扎根，作用於我們的精神世界，即便如此，這種思想的種子也未必全部是健康的種子，它所結出的果實很可能會令你大失所望。

人類的生活中往往會出現不盡人意的局面，人們不可避免的會發生各種各樣的疾病，這些疾病雖表現形式不同，但歸結其原因通常都是由於人類自身沒有屏障或消解的多種負面情緒所致，例如恐懼、憂愁、焦慮、苦惱、嫉妒、憎恨等等。

生命系統同時存在著兩種基本功能，一為吸收、利用養分，製造細胞；二為分解、轉化並排泄廢物與毒素。

生命體都在生命過程中進行著這種不斷建造同時不斷破壞的活動。建造所需的養料也可以簡單的表述為食物、空氣和水。如此看來，人類的健康生存甚至延年益壽、長生不老不是變得相當的容易？

然而，人體中的破壞系統也可以將體內的垃圾累積起來，從而經過滲透進入機體細胞，導致全身性的毒素氾濫，破壞了整個身體或身體中某個部位的健康與平衡。因而人們會感覺到全身或某個部位的不適或病痛。

如果我們希望自己的機體能夠保持健康不被疾病所累，那麼最好的方式莫過於增加機體能量的同時，減少體內毒素的累積。當我們將意念中的消極因素逐步減輕直至消除，就可以大大降低患病的可能。當我們體內用於清除毒素和排泄垃圾的神經和腺體不再為恐懼、憂愁、焦慮、苦惱、嫉妒等破壞，延年益壽將不再是難題。

任何輔助性的保健食品或營養品都只能在相對次要的層面上給機體以補充，那麼生命體的和諧健康主要依賴於什麼？我們如何瞭解並綜合利用它？在這一課的閱讀旅途中你將會一一明瞭。

1 知識在我們的生活中具有至關重要的作用。我們依賴知識而生存，當我們瞭解到借助於知識可以更有效地控制和調節我們的性格、情緒、力量乃至機緣，我們就會更加確信人類的健康狀況都是過去思維方式與習慣的結果。

2 當我們對意識的作用一無所知的時候，意識自身所產生的負面作用可能已經在我們的機體中集結了龐大的敵對力量。它們將我們思維中的印象作為種子種植於潛意識的土壤並隨時準備收成。因此，我們應該不斷反思自己的思考方式是否存在著問題，把不良的誘因消除在萌芽狀態。

3我們的思維中所生產出的想法如果過多的存在消極的誘因，那麼我們就必將為病痛、失敗、頹廢、消極無力所累。歸根結柢，我們在思考著什麼，我們就將獲得什麼。什麼樣的「因」必將產生相同的「果」。

4如若你已身陷病痛，那麼請借助於我們上面所提到的在大腦中構造美好圖景的方式來嘗試更新和改變體內消極的固有平衡。你會發現當你持續不斷地將自身體魄雄健的圖畫烙印在頭腦中並反覆重現時，各種非疑難的微小病痛十幾分種就會消失殆盡，即使是長年的慢性病痛也只需數週的時間而已。數以千計的人應用此法獲得成功，你也一定可能做到！

5科學告訴我們任何物質的存在模式都是一種不同頻率的振動或運動。物質自身正是透過無休止的振動來達到自身的不斷改變與更新。精神同樣也可以經過共振的原理改變我們體內的原子活動形式，從而帶來細胞內部結構的共同改變，隨後機體也會隨之發生化學改變。

6自然界中無論看起來是靜止還是運動的事物、無論是肉眼可見還是不可見的事物都按照自己固有的頻率不斷地振動。當振動的頻率被改變，物質的本質、性質、形態也一定會隨之發生相應的改變。我們因此可以借助改變思考的運作方式而改變機體使其調整至最理想的狀態。

7不要把這種結論看做是新鮮的發現。其實在日常生活中我們無時無刻不在使用著這種力量。也正因此才會有太多的我們並不滿意的結果產生。當我們還沒有知曉這種因果關係時，我們會不自覺地將負面的思想根植於身體中，從而招致惡果。通過訓練，我們可以正確、智慧地使用這種有益的振動，使身體狀態向著我們所希望的方向發展。長期累積的經驗會使我們更加自如且自信地使身體產生愉快的振動，也同時會知道如何避免不愉快的感覺產生。

8 讓我們試圖回想，我們過去的思想所帶來的不同後果。當我們的思想更加積極、崇高、勇敢、善良時，它就具有積極的活力也具有高強度的創造性，那是因為我們使身體得到了較好的振動形式。如果我們的思想充溢著憤慨、險惡、苛刻、嫉妒時，則使用的是另外的一種振動形式。任何一種振動都會在現實世界中形成不同的結果，或使人疾病纏身，或令人健康愉快。

9 我們由此可以相信，精神自身有著能夠引領和操控我們身體的巨大潛力。

10 生活中的許多情形可以控制我們的身體，我們稱之為客觀精神對身體的作用。當你聽到滑稽可笑的事情，臉部的肌肉會做笑的表情，身體也會由於笑而產生振動，由此可見思想可以主導我們的肌肉工作。當我們為電影中的劇情感動得流淚，因緊張的畫面而手心出汗時，其實正是我們身上的腺體在配合我們的思想工作。當你憤怒的時候，會感覺全身的血液一時間全部充盈到你的頭部，這表明思想本身也可以控制血液的循環。但不要擔心，所有這種客觀精神對身體的控制或影響都是暫時的，它並不會長久地存在。

11 而潛意識則用另一種完全不同的方式控制我們的身體，當我們出血或受傷，便有數以萬計的細胞開始進行分工合作，幫助傷口癒合。如果我們不小心因外傷而骨折，雖然我們要接受醫生的幫助和治療，但真正幫助我們的骨頭重新癒合在一起的仍然是我們自己。當我們感覺到寒冷的氣流，我們幾乎會立即打噴嚏把寒冷的空氣驅趕出去。當我們不小心感染了細菌或病毒，身體也立即會發出警報，首先將患處與其他身體部位加以阻隔，然後專門用於與病毒戰鬥的白血球就會開始激烈戰鬥和反抗。

12 這種智慧的人體細胞行動通常在潛意識的作用下不知不覺地完成。如果我們主觀不去刻意更改或控制它們的行動，它們將會把行動完成得非常出色。它們對我們的思維高度敏感，智慧的可以勝任幾乎所有工作。但當我們一旦出現了一些負面消極的想法或因素，或者一些與浴血奮戰完全不相符的頭腦畫面，智慧的細胞們就會對這樣的指令不知所措。久而久之，細胞就會被這不明確的指令攪擾得疲憊、乏力、遲鈍，最終不得已放棄行動。

13 我們藉由思想與身體的共振法則可以順利地走上通往健康之路，共振法則透過我們的精神世界發揮其自身的巨大作用，內在世界的改變可以輕而易舉的改變我們所身處的客觀環境。所以若我們擁有了這種智慧、瞭解了這個基本原理，當我們發現自己生活之中存在的問題時，就立即行動起來去努力改變自身的內在思想和精神，以期待在我們的外部世界中獲得相同的反映。

14客觀世界的問題求解總是會在內部的精神領域中找到，當「因」被改變，「果」也必將發生相應的改變。

15我們身體內的每個細胞都是一個個智慧的小精靈，不必我們去指引它，它們便可以幫助我們將身體中的一切問題輕鬆、圓滿地解決。每一個細胞都具有非凡的創造力，它們會按照最理想的圖景準確地勾劃出你想要的答案。

16所以，當你將完美、理想的圖畫貯存進你的大腦中時，那些細胞天才的創造力就將一個真實而健康的體魄完美地打造給你。

17生活在我們大腦中的細胞也會遵循這樣的法則而工作，大腦受控於我們的心態或精神，如若我們將不良的圖景或信號導入大腦並為主觀意識所接納，那麼我們的身體也會接受到同樣的信號資訊，逐漸衰退。因此不時地將健康、主動、積極的思想導入大腦中才可以確保我們擁有強健的體魄。

18我們已經瞭解，人身體的一切器官或行為都是不斷振動的結果。

19我們已經知道，主觀精神也是一種振動的行為。

20我們已知道，強大、有力、高級的振動模式將取代、引領、改變、控制低級的振動。

21我們也瞭解到，身體採用何種振動形式是由大腦細胞的性質決定的。

22我們也明白了積極或消極的腦細胞產生的原理。

23因此，我們就已完全可以控制並引領我們的身體狀況向著我們希望的方向發展和變化，透過瞭解精神力量的和宇宙精神的法則我們可以讓自己與其保持高度一致，讓機體自身的智慧反應得到我們主觀思維的順應與支援。

24現在，已經有越來越多的人對這一法則予以支持和認同，精神的確可以達到對身體的控制。甚至更多的醫生也開始加入這個行列並全力以赴進行研究。在這一研究課題上著述甚多的蕭菲爾博士曾經說過「迄今為止精神療法在醫學世界中尚沒有受到極認真的對待，在心理學界也極少有人以此為出發點做精神能量方面的研究。太少的人關注精神能夠控制身體的巨大力量。」

25我們可以確信，醫學對功能性的神經疾病治療卓有成效，但這些醫治方法大多來源於對以往經驗的總結和對新問題的創造性解決，我們很難在固有的書本中找到答案。

26醫生往往只能對眼前的醫療手段或措施加以使用，而忽略對精神療法的實際運用。當醫學對精神療法開始重視並在醫學院校中開始被教授以後，很多現今醫患關係中存在的問題就會得到更完善的解決。它可以大大地降低醫生實施救治時因治療手段不足或不夠有效而造成的錯誤。

27由於精神治療本身是一種自我喚醒或自我暗示，因此患者本身自己就可以獨立完成。儘管大多數病人並不知道這個道理，並且從未在自己的身上使用過，但如果有一天它們開始借助於精神療法，將會使他們得到意想不到的結果。病人可以將自己的情緒或思想由不利、消極的狀態中解脫、調換出來，替代之以歡樂的、充滿希望的、平靜的心緒，這種治療可以依賴自身的力量改變病情、改變生活。

28 太多人抱持著這種荒謬的理論，即人類的一切不幸皆來源於上帝的安排。若果真如此，那麼所有人類生命的救助與施惠者不是無視於上帝的全能安排而對天命做出反抗？因此真正順應於上帝的意志的生命體應該確信無所不在的宇宙力量可以協助我們去摧毀人世間本應該存在的不和諧因素，使一切疾病與痛苦都消亡。

29 神學者一直在鼓吹並使我們確信我們「生而有之」的罪惡，使我們從出生起便沒有一天可以逃離自我懺悔和心靈的處罰。若造物者果真愛人，又為何讓我們以有罪之身活在凡間，用一生的自責與悔悟去得到不可知的來世的清白。這種對於宇宙萬物的極端無知使人們生而恐懼，人們不斷地懺悔自我也是因其對全能上帝的懼怕而非「愛」。神學家二千年來以自己有限的心智曲解了上帝的意志而錯誤的引導人們，埋沒了神的意願本質。

30 精神作為萬事萬物之源按上帝的意志服務於客觀世界的本體。人生活的環境、情形都由其對這個世界的認識而來，人的所作所為也皆受制於不斷閃現的瞬間靈感。對已有知識的掌握和對未知事物的探索使人類不斷進步、成長直至達到卓越。精神本質最終會將人意識中的無限潛能轉變為現實。

你這一週可以圍繞著丁尼生這首美麗的詩句展開思考，「當你向他索取，他必會恩惠於你、你們的心靈將在瞬間聚合、猶如骨肉血緣般親密，他每時每刻都會陪伴在你的身邊從未遠行。」你會逐漸領悟主動地「向他索取」便是將自己的心靈接近力量無限的宇宙精神。

重點回顧➤➤➤

1、怎樣才能使人擺脫疾病的負累？

讓自己與全知全能的自然法則統一。

2、如何保持這種完全的高度統一？

我們已經瞭解人的肉體為精神所掌控，當人類將自己的思想或精神打造得理想完善時，肉體也將與其擁有相似的完美。

3、精神和本體的一致性意味著什麼？

當精神有意識地趨向於完美，人類的理智與情感也漸次將這種完美表達出來。

4、精神與客體的關係是否有一個對應的自然法則？

精神借助振動法則對客體產生影響。

5、為什麼振動法則會適用於此？

大思想、大智慧可以控制、轉變、消除小的思想與理念。同樣高頻率的振動可以管理、更改、控制、轉變或消除較低頻率的振動。

6、精神治療法是否已得到眾多人群的認同？

儘管全世界的人類應用的形式並不完全相同，但在我們的國家中已有數百萬人應用此法並獲得了自身健康、生活、能力等諸多改變。

7、應用精神療法會得到什麼樣的效果？

人類思維最高境界中的創造力與推理力可以藉由現實存在的結果而被驗證，從而使人對自身的表現達到自我滿足，獲得精神上的愉悅。這種效果是史無前例的。

8、應用這種方法是否能夠改變生活中的其他方面？

人類可以借助於這一理論體系滿足個人或群體的一切期望。

第二十三課：將成功發展到極致

能夠同大家一起進入第二十三課的學習將為一件愉快之事，在這一課中，我們將一起來探討金錢在我們生活中方方面面的不同表現與特點，瞭解成功的根源在於對人的服務。生活中一切獲得都源於我們曾經的付出，所以當我們有機會為周圍的人、事、物有所付出時，我們就等於得到了上天的格外恩寵。

經過前幾課的學習我們已經熟知，上天對於人類最高價值的恩賜與獎賞，就是人擁有著取之不盡、用之不竭的思想。創造性的思想帶來創造性的行為。因此當我們期待生活有所收穫，那麼對於我們最有價值的付出就是我們源源不絕的思想本身。

真正具有爆發力的創造性思維是意念高度集中的產物。我們在一段時間內將思想高度集中於一點，匯集全身所有的能量與精力進行一場颶風般的腦力激蕩，隨後我們將如被賦予了超人的智慧與力量，將內在精神完美再現於現時現境。

這是一門最為本源與基礎的科學，它將一切科學包含於其中；這又是高於一切藝術的藝術，將平凡人生裝點得無限曼妙。當我們對這門藝術的科學、科學的藝術熟練掌握、靈活運用之時，就可以在人生道路上獲得長足的進步，面前這美好的場景絕非不可觸得的海市蜃樓，而是你透過自身不懈努力不斷為自己收穫的最為振奮人心的嘉獎。

絲毫不必懷疑，當我們將心態調整為積極、無私、公正，我們的人生也必將因此而厚重、踏實、深遠。「春種芽苗秋收果」這是付出回報的忠實法則。自然因其規律而復始，人生也因此規律而前行。只需相信付出必有收穫，人生的平衡、樂觀才是宇宙精神的主旋律。

1 對於金錢的理念取決於我們對金錢的態度。金錢無疑是商業經濟的典型表徵，也是踏入商業經濟領域的唯一通道。對於金錢的渴望可以鼓動我們對其重視的程度與欲念，從而促成整個經濟的加速流通，打開財富的通路。但如若我們對金錢的獲取過程心存恐懼，那麼無疑我們將會與通往財富之路南轅北轍。

2 對金錢的恐懼或對獲取財富過程的恐懼只會帶來我們所厭倦的貧窮。真實的貧窮來源於意識世界中的貧窮。我們有所付出才會有所收穫，如果我們因恐懼而止步不前那麼我們真的就只會得到我們所恐懼失敗後所產生的那種悲慘結果。金錢也存在於這個整體的世界中，它也同樣遵循宇宙精神的法則，因此它也受導引於智慧、勇敢、優秀的人類思想。

3 生活中我們經常會引用「人脈即錢脈」這樣的慣用語來形容朋友與財富獲得的關係。當我們幫助朋友、為他們服務、為他們謀利益、為他們做更多有益於他們自身的事情時，我們也同時不斷擴展了我們的交友領域。服務於人是成功的一條黃金定律，而這種服務必須是一種源自於本性的給予，它的背後是一顆誠實、正真、關愛他人的心。有所企圖的幫助不能稱之為真正意義上的服務。當心懷鬼胎者使用其有限的手段與方法去容人待友時，他們最終也必將遭人際關係及事業上的全盤失敗。因為他們對於交換原理一無所知，他們根本無法瞞天過海地去欺騙宇宙間的根本法則，「因果關係」的定理必使他深陷入無力、無為、無能的泥淖。

4 生命的力量可聚積於一點，也可分散於四周。我們因生命意識中的圖景被塑造成可見可觸的外在形態。當我們調試自我的心態、開放我們的心靈、吐陳納新地不斷更新自我，更側重追求過程而非結果，那麼最終我們收穫的就不僅僅是欲知的結果，還有意想不到的心靈體驗。

5 當你具備了能夠吸引財富的內因，那麼財富也一定會追隨你而來。在和財富的邂逅過程之中，你需要具備的不只是一顆服務於他人的心，同時你也要具備敏銳的觀察力。你更要在機遇與你碰觸的瞬間將其牢牢把握。你需要將所有機遇、垂青於你的因素匯聚於身旁，當你身處有利的位置時，你就能夠幫助你要服務的人，同時也更接近財富與成功。

6人生性中的廣闊胸襟與對他人的慷慨大度使我們的思想具有著迷人的活力，而謀私的思想或行為只能帶來精彩思維的毀滅。自私像思維中的蟻洞，終會將我們的創造力大廈瓦解、毀滅，也因此折斷了飛往財富空間的羽翼。我們必如體悟人生一樣細細品味所謂「捨得」的真諦。

7我們以自身所能服務於人，服務於世界。我們自身的力量供應了整個社會和人類。我們不斷調整自己的意識使其與全能之力的法則保持一致，我們就會輕而易舉地看到，當我們給予得更多，我們就會收穫得越多。工人以技能服務於人、藝術家以藝術作品服務於人、商人以自己的貨品服務於人，所有的付出都會按照法則中所言，拿出的越多，得到的越多，而後我們自然會有能力付出更多的恩惠與服務。

8金融家依據自己的思考，源源不斷地付出，他努力保持自我思考的獨立性並且從未將這樣的工作委以他人。當他希望透過思想獲得想要的結果，他必會得到身邊人的眾多啟示，當他得到了他想要的答案，那麼他就可以用更多的形式和手段去為更多的人謀求利益。最後，當眾人也隨之得到了成功，金融家因此也成就了自我。很多的成功者或財富的擁有者，他們不必依靠損失他人的利益而自我收穫，相反，他們往往是依靠幫助他人致富而讓自己成為了最富有的人。

9芸芸眾生，善於思考者寥寥無幾。大多數人對思維的嘗試皆是淺嘗輒止。他們沒有更多自我的觀點，而是人云亦云地過著自己平淡而無為的生活。他們從不過多的去驗證或反思既有的思想，他們以極度柔順的態度迷信於權威和宿命。他們將思考太多重大決定的工作推卸給極少數的人，這些人不只無形中拿去了不思考者的權利，同時也使他們泯滅了創造的能力。

10 當我們在我們所真正關心和專注的事上集中自己的意念和能量，我們就可以心無旁鶩地使思考的能量為自己服務。太多的人不瞭解這個法則，反而將消極而負面的因素如悲傷、困苦、混亂等常常掛在心上，這對他不僅沒有任何益處反而徒增煩惱。當我們滿心所渴望和想像的全部是理想的結果，我們也會因事業或生活不斷收穫的順利與滿足而更加使自己關注於這種良好狀態所帶來的良好心緒，那麼這種良性的循環怎麼會不給我們帶來快樂的生活呢？

11 精神是我們必須始終堅守的陣地。我們只有在精神中才能夠去創造和實現一切可能。不論精神被界定為什麼領域，這都絲毫不會影響精神將使我們的思想凝結成精華的本質。任何精神的有意義的行為都必然在我們的思維中得以實現其全部過程。

12 瞭解了這些，你一定與我同樣會得出這樣的結論。如果你是一個真正的「務實者」，那麼對於你最安全、最踏實的選擇就是認認真真地去學習這種法則，並去努力不懈地實踐它。只有堅定地學習和實踐才可以使我們真正領悟其中的真諦。「務實者」從來不是只知努力不知抬頭看路的愚笨者，只要他們認識到這種法則使他們的生活甜如蜜糖，那麼當你在理想之巔看風景時，會發現你身邊皆是這些勤奮而踏實的人們。

13 下面我將以一個現實中的例子，來證明創造力和人的成功之間的關係。過去，我有一個芝加哥的朋友，他始終如一地用原有的觀念來指導他的人生。他的生活一度曾很成功，雖有一些失敗但不是事業的主旋律。後來我再遇此人時，正逢此人處於事業上的低谷，他似乎再無迴天之力，並且和過去的他相比較，現在的他的確顯得頭腦中的新鮮想法極度匱乏。

14 當他瞭解了我們本書中所介紹的理念時，他顯然如獲至寶。他說經商多年的經驗告訴他，做生意貴在常有新奇的想法和高招可以應對風雲變換的商場。但現在的他明顯如江郎才盡般再也沒有什麼好的創意和點子了。如果我們的理論對他真的會有效，那麼無疑這將給他提供回轉的生機，加之其多年的眼光和經驗一定會再次走向巔峰。

15 幾年後的前不久，我又再次聽到了關於此人的消息。當時我在聊天中問一個朋友，「我們那個朋友現在發展得如何？他是否重整雄風，再創了佳績？」誰知這位朋友一臉驚訝的看著我說：「怎麼你不知道，他可大發了一筆，而且現在已經躍居成為了某個企業的重要人物。」他所提及的這個企業正值發展的春天，各種廣告在國內外名聞遐邇，並且發展如此迅猛的原因是緣於一個價值連城的黃金點子，而這個點子的源頭正是他！這個事例絕非聳人聽聞，而的的確確是一個真實的故事。

16 如此這般，你的內心又在發生著怎樣的激蕩？對於我本人來講，這個事例表明確實會有人在因這種精神方法而受益於人生，也確實有人可以做到自身與無限精神的合一與溝通。他能夠左右它為自己工作，把經典的思維靈感應用於商業當中。

17 聽到這樣的講述請不要將注意力拘泥於「無限」這樣的辭彙，這並非是將人神化或將人的品格或意志進行無休止的誇大，我只是想告訴你們，當你用最靈敏的智慧去傾聽無限的意義時，「無限」本身就會隨即為你帶來「無限的力量」。精神與你的客觀行為做到了前所未有的和諧統一。這不僅不是對神的萬能的褻瀆，反而是對神的意志思想的提煉與解釋。當我們自信於自己的能力並且按照創造性思想的指引運用我們的精神，那麼我們就學會了運用這種「無限的力量」。

18 我想提醒大家的是，我從未曾與此人商議自我更新的步驟與方案，而是他自己從這種「無限的能量」中自然而然地找到了自己的全部所需，他使用思維中獨到的創造力打造了自己理想中的模式，他必定是不斷對自己的思想更新、否定、填補、改進，不會放過任何一個小小的細節。如果你同我們一樣每天身處於對這項理念的研究之中，你就會像我一樣從所接觸到的一個個典型事例中和典型人的身上感受到這種「無限力量」的神奇，因為他們的卓越與成功絕不虛假。

19 也許會有人懷疑，為何此種「無限力量」就可以如此有力並且如此容易地作用於客觀物質世界？事實並非如此，在與「無限能量」的接軌中，一定要完全與它運行的法則一致而和諧，否則哪怕一個最小的失誤也會讓你全盤皆輸。「無限能量」只賦予能夠經受得住考驗的人。

這一週，請將這樣的意念根植於心：人是因肉體的存在而存在，人是因精神的存在而永生。因此人的任何生命活動或內心憧憬都將藉由精神的影響力去得到滿足。金錢與利益對我們的滿足只是一時，並且只在環境的層面上對我們的生活有所影響。而當人的精神與「無限力量」合而為一，它就可以為人帶來永不枯竭的供給。金錢最終的目的只是為了服務於人，當你能夠以這種開闊的思想去看待財富，你的思想與財富源頭就會被開啟。屆時，你會體會到精神療法的美妙動人。

重點回顧 ➤➤➤

1、什麼是成功的第一法則？

服務於人。

2、怎樣才能使我們更好地服務於他人？

將思想與胸襟同時開拓；重視過程遠過於重視結果；重視追尋遠過於重視擁有。

3、自私會給我們帶來什麼惡果？

自私的想法會將我們思想中有價值的東西毀滅。

4、成功如何被發展到極致？

輕視結果，重視付出；輕視擁有，重視過程。付出大於收穫。

5、金融家如何取得財富的成功？

他們依據自己的想法去決策和執行。

6、為什麼很多國家的人甘願一生庸碌並將自己思考自己決定的權利贈予他人？

他們依賴這少數人執行他們不具有創造力的想法，從而惡性循環。

7、如果思想裡的核心是悲傷與消極，結果會如何？

會將更多的悲傷和損失招引至身旁。

8、如若思想中的核心是快樂和收穫，會產生怎樣的結果？

樂觀的思想會為我們帶來更加令人愉悅的巨大收穫。

9、精神法則是否同樣可應用於商業？

當然可以，無數個例證都可以向我們表明這一法則非常適合於商業之中，即使我們不曾發現，其實他已經在無意識中被大加使用了。

10、這些原理會給我們帶來哪些實際的益處？

我們可以從中明白：凡事皆有因果，而這項原理在精神世界中的應用就是我們健康的「因」，得出的「果」也必將完美。所以若我們想藉此信條而收穫滿意果實，就應該確知這一理念並時刻嘗試使用它。

第二十四課：一切皆在你心中

很高興你進入了本書第二十四課的閱讀，它意味著這次神祕之旅已接近尾聲。

當你相信精神在生活中的神奇魔力並不斷地實踐和嘗試這一真理，你便會不時地從你的生活中看到你只曾在頭腦中閃現過的場景。因為在此以前，你已將你心中的思想映射入了你的現實生活。很多人在愉快的學習之旅後向我表述了他們的心得：「思想的確像一把利劍，可以在我們的生活中披荊斬棘，勾劃出一道絢麗的彩虹。」

經過實踐與學習而得的這種自我激發和創造的能力，可以伴隨你度過愉快而成功的一生。這種無處不在的思考法則讓你獲得自我的醒悟與提升，它帶領你脫離物質的匱乏與自我思想的局限，也帶你走出消極、悲傷、恐懼或憂鬱的生活情形。它不會因你曾經的個性與信仰而歧視你，更不會因你對此道理省悟得早晚而對你有所偏見。無論怎樣，它對於你都是一種隨時隨地的、無條件的接納。

也許曾經你是位忠實的宗教信徒，那麼這種理論和宇宙精神的力量只能使你感覺更接近和信任你的神；如果你一生都堅持篤信科學，那麼論述中如數學般精準的細緻描述一定讓你心悅誠服；如果你相信靈魂至上、在哲學的自我剖析中已走了好長一段路途，那麼如此唯心與形而上學的精神領域的最新結論定會讓你在長久的上下求索中如獲至寶。

至此，我們已完全不必懷疑，千秋萬代宗教、哲學、科學領域內的人們所孜孜以求的千古絕密就在這一天被破解，此時它正捧在你的手中，等待著伴你步入那只曾在你夢境中才展現過的人間天堂。

1 當「太陽是宇宙的中心」、「地球圍繞太陽旋轉」這樣的科學發現首次被公之於眾時，人們不僅驚訝、懷疑，且一度認為這是一種極端錯誤的學說。人們每天看見太陽從東方升起從西方落下，太陽本身的運動軌跡在我們的肉眼中是那麼的明確，人們對此觀點及提出此觀點的科學家給予抨擊，並將其定義為歪理邪說。但經過長時間的驗證，我們已經可以看到事實最終定會擊敗一切懷疑，而讓人們逐漸接納並信賴它。

2 世界上存在著很多可以發出聲音的物體。物體之所以可以發出聲響，它的原理是這個物體本身使空氣產生了振動。振動的頻率越大我們就更有可能聽到其聲音，一般來講當振動可以達到每秒十六次以上，我們就可辨識到聲音，如果振動達到了每秒三萬八千次以上，因為頻率過高反而一切將回復到無聲。它所展示於人的是一片靜寂。所以聲音不產生於物體本身，聲音其實產生於我們自己對聲響的感覺中。

3 我們對於光和色的感知也是這樣的原理。在我們的認識中，太陽是一種能自己發出光和熱的物體。「光」本身其實是波產生振動的結果。太陽以每秒鐘四百萬億以上的振動頻率傳遞著能量，因此我們將這種能量定義為「光波」。「光」是能量的一種表現形式。隨著振動頻率增加，光的顏色也會相應發生變化。在這裡不得不提及的是，色彩本身也存在於我們的心裡，不論是綠樹紅花、海綠天藍都是光波不同的振動頻率所帶給我們自身的感受而已。如果振動頻率低於每秒鐘四百萬億以下時，光則消失，熱則出現。所以當我們完全聽憑感覺判斷世界上所有事物所傳遞的資訊時難免會出錯。

4 我們可以將這種理論歸納至形而上學體系之中。當思想之中的精神世界平和如鏡，生命的諸多相關事物也會隨之顯現出和諧。當我們思想中存在健康、財富、成功，我們就可以得到健康、財富與現實中的成功。

5 也許你長久以來被生活中的各種苦痛擠壓的困苦不堪，但當你瞭解到所有的疾病、痛苦和局限性皆源於你自身內在的「因」的錯誤時，你就理解了為何會產生這樣的「果」。絕對真理可以改變我們的思想進而改變我們的生活。一切猶豫、恐懼、不信任都是我們自己內心的逃避，你應當知道這些都僅僅是虛幻的存在而非真實的困境。當你輕視它們，我們就不會再被囚禁，就可以將它們拋至九霄雲外。

6 你現在所需要去做的，就是完全對這個真理的深信不疑。當你真正做到，你就可以準確無誤地運用你的思考能力，真理也將飄然而至於你的生活。

7 對這種精神力量的確信者們，不斷地應用這些方法去幫助自己和他人。他們藉此開展對自己的治療，他們用自己的行動與努力把思想中的場景變為理想的現實。他們瞭解只要你掌握了這個法則，你會發現一切健康、富有、成功都時刻圍繞在我們周圍，它們從不遙遠，而那些被困境所折磨的人們僅僅是因為還沒有參悟到這個真理而已。

8 無論疾病或困苦都是發源自我們本身的精神狀態。只要我們把以往頭腦中的錯誤態度清除乾淨，取而代之這一項絕對真理，那麼所有不利於我們愉悅的情形都會相應得到轉變。

9 那麼，我們如何幫助自己破譯真理、消滅思想中的錯誤呢？最有效的方式即是讓自己向「安靜」中走去，你可以一人獨往，也可以同時幫助他人。如果你已經能自如地在頭腦中幻化出想要的理想圖景，那麼你就已經拿到了通往幸福之路的金鑰匙。生活的一切美妙都將在打開門的瞬間迎面而來。如果我們仍無法自我完成，那麼說明我們內心仍有疑慮，我們就應該反覆、多次與自己的心靈交談、使它接納這個真理並幫助你去開啟幸福的大門。

10 請永遠銘記，無論環境如何，你一生真正需要鬥爭和征服的僅僅是你自己。因為一切困難與恐懼皆產生於你的心中，所以外界的困難、坎坷都不應該將你壓倒，你只要從內心裡不斷自我調整，你想要得到的完滿結果就定會一一實現。

11在執行過程中我們可以藉由很多形式幫助自己。例如在內心描繪理想的圖景、與自己的內心交談使之確信、良好的自我暗示都可以不同程度地將你的意念集中起來，最終走上真理之路。

12那麼我們又如何透過這種力量去幫助他人呢？當你希望一個人從困難中解脫出來、戰勝局限與謬誤，你只需從你的思想層面上做出努力，從意識上去幫助他。這種意識可以讓你們在思想上得到共鳴，你內心中對軟弱、匱乏、局限、危險、困難的戰鬥與消解等想法也會同時傳遞給他，從而協助他得到解脫。

13當然思想本身的活躍性和它無窮盡的創造性會時常使你一不留心即專注於眼前境遇的不和諧。你不必擔心，只要你堅定自己的真理，相信一切現象都只是暫時的表象而非事實本質時，你就可以戰勝一時的困難，得到精神永不消逝的力量。

14既然事物皆本源於振動。那麼無論正確或錯誤的思想都是以振動的形式存在，往往正確思想的振動頻率會大於錯誤的思想，因此真理將永遠戰勝謬誤。只要真理剛一露頭，肆虐的邪惡便會落荒而逃。

15你對真理的理解和領悟程度完全決定了你可能獲得的客觀境遇，也全面展示了你個人智慧的潛力，當你不斷更新、超越原有自我的時候，你就在生命中不斷進步、前行。

16「自我」屬於精神的範疇，它的根本就是盡善盡美。它本身就不應該存在著恐懼或任何疾病。最初的它應如一個初生的嬰兒般純淨、完美。當我們感受到靈感的閃現，我們不要將其誤解為是我們大腦細胞工作的結果，其實那是「自我」被激發的產物。「自我」與宇宙精神合而為一，這種精神性是穩定而久存的。靈感如人類生命中的火光可以改變自身，將為這個世界創造出無限的希望。

17 真理必借助於意識的不斷開發而收穫。它不會因長期的訓練或實驗而閃現。簡而言之，真理不是學而時習之的，它靠的是一種信念所帶來的悟性去領悟、破解它。我們生存的世界、周圍的生活、社會的變革都取決於我們對真理的領悟程度。真理不是簡單恪守的信條，而是將思想融於行為的一種客觀顯現。

18 性格也決定著真理的垂青。一個人的性格是其自身宗教信仰的一種形式的呈現，而性格對於個體也是其對於信仰的詮釋。信仰即為人們所完全篤信的真理，他相信什麼樣的真理也就會展現出什麼樣的性格和品質。性格也是個人對他本人宗教信仰的詮釋。如果一個人一味地抱怨時運不佳，那麼他就是在曲解真理。因為時運的好壞完全決定於他自身。

19 人的生命之中，過去與現在的關係是一種不間斷的承接。當我們的生活遭逢失敗或困境，那是因為在這些困境真正的出現之前，這種場景或意識就已經根植於我們的潛意識之中了。這種潛意識會在我們不自覺的情況下把與此相同的精神和物質吸引過來，造就今天的局面。所以當我們知道了這個道理我們就應該反省自我，體察自己的內心，找到究竟是什麼負面的消極因素影響了我們的心智。

20 真理能夠使你「自由」，如果你能有意識地認識真理，你就能夠戰勝一切困難。

21 你在外在世界中遭遇到的境況，永遠都是你內在世界境況的反映。因此，要讓你的心靈擁有完美無憾的理想，這樣，你才能夠在外在環境中遇見理想的機遇和條件——這一點是經得起科學驗證的。

22 如果，你總是看到環境中的缺憾、不滿、限制等等負面的因素，那麼這些境況愈會在你的生命中出現。然而，如果你訓練你的心靈，去注視精神的自我，也就是永遠完美、完整、和諧的「自我」，那麼，你就能夠擁有對你的身心健康有益的外部環境。

23 思想是具有創造性的，而真理是最完備、最高境界的思想。因此，正確的思考能夠帶來正確的創造。當真理到來，謬誤必然退避、消失，這一點是不言自明的。

24 宇宙精神是一切精神的匯聚。精神就是智慧，精神即心智。精神和心智是同義詞。

25 精神不是依存於我們這個個體之中的，精神是一種永恒存在的物質，它無時無處不在，遍及宇宙之中的所有空間。我們的生活和生活中的一切事物沒一處不是精神的產物與結果，它同我們的肉體如影隨形。它和宇宙合而為一，共生共存。

26 人們相信有上帝，用神的意志來解釋人世間一切不可琢磨的巨大力量。但是「上帝」這個詞還不能完全表達宇宙精神。我們用上帝來解釋超自然的力量相當於認同力量的源頭是外部世界，而精神本身的自然法則是源於人內在的潛在能量。「上帝」其實每時每刻都存在於我們的體內，因為它即是我們精神的靈魂。

27 思維的精髓在於創造，精神的本質也在於創造。我們應用思維和精神進行創造的同時，我們自身也具有了超人格的力量。我們為自己也為別人不斷地在思維與精神尋求中增加創造了能力。

28 當我們真正理解了這個精神法則，真正體會到了宇宙精神的玄妙，我們就如同手持通往幸福的金鑰匙，藉由它我們可以打開人生最為瑰麗的寶庫之門。此時的你已經成為了上天的寵兒，具備一切領悟真理所需的才智與心力，具備常人無可匹敵的廣闊心胸，更具備不可磨滅與消亡的堅定意志。

心靈訓練 lesson ㉔

最後的一週希望你能夠去體會：我們生存在一個無限豐盈的世界，這個世界充滿著神奇與可能，包括你也是一個神奇而富有活力的生命體。當我們認識到這個真實的黃金道理，我們就會新奇而驚喜地發現那些宇宙早已為我們預先準備好的無限資源，它們可能是我們從未見聞過的美妙，也是我們的思考創造力所未曾觸及之物。當我們相信自身完全可以明辨世間的善惡與是非，我們就可以逐漸領悟我們曾經所認為的無比完美。但相對於內在精神所帶給我們的巨大寶庫，仍是多麼的微小而平庸。

重點回顧 ➤➤➤

1、人自身存在著什麼樣的真理？

在人的精神領域中存在著一個真正的「自我」，並且它天生美玉無瑕。

2、我們如何才能將存在著的謬誤擊垮和消滅？

我們可以用正確的真理去消滅錯謬的思想。當我們相信我們所期望的必會在未來的客觀世界中顯現，我們就會毫不遲疑地修正我們的方向。

3、我們是否可以幫助他人學習到「宇宙精神」的真理？

宇宙精神是一個密不可分的整體，它無處不在，它充溢於我們的一切生活環境之中，所以他人與你都在其中，幫助他人就如同幫助自己。

4、宇宙精神是什麼？

它是一個宏大的、所有精神總和的概念。

5、宇宙精神存在於哪裡？

宇宙精神是一個密不可分的整體，它無所不在，它存在於我們的身體，也存在於我們的內心。宇宙精神是我們的精神之源，它是宇宙的靈魂，是我們生命靈魂的依託。

6、我們如何能夠連接宇宙精神？

藉由我們的思考。依靠思考我們就可以將宇宙精神表達出來，同時也可以為自己、為他人展現宇宙精神的巨大能量。

7、思考能帶來什麼？

思考能給我們帶來更加堅定、冷靜、審慎、清晰、恒定的思想狀態，更加明確而積極地面對追求的目標。

8、當我們思考並無限接近宇宙精神會得出什麼樣的結果？

無論你想什麼、做什麼、夢想什麼，都有一股潛在的神奇力量在你的體內作為動力支持著你。宇宙精神實實在在地存在於你的身體裡，如果你善待它，它就會將你的思想作為自己永恒的家園，並幫助你創造最為和諧、完美的人生。

後記　從《萬能鑰匙：世界最神奇的24堂課》中能得到什麼？

《萬能鑰匙：世界最神奇的24堂課》體系到底給我們提供了什麼？

它解釋了所有偉大的、崇高的、卓越的思想和觀點的起源。揭示了為什麼有時候我們與生俱來地擁有語言技巧、直覺意識、精確的判斷和靈感。

它告訴我們為什麼那些熟諳控制我們精神王國的規律的人能夠成功，能夠實現自己的抱負，能成為創作家、著作者、藝術家、政府官員、工業巨頭，而這些人又為什麼總會少於人口的百分之十。

它告訴我們人體能量散發的中心點，解釋了這個能量是如何分配的，能量的散發為什麼會使人體擁有愉快的體驗，並且講解能量散發受阻時如何給個體造成紊亂、不和諧和各種各樣的缺乏和不足。

它告訴我們一切必須消除的負面力量，並告訴我們如何去消除它。

它解釋了那個控制著你「稱為自己」的東西到底是什麼。「你」並不是指你的肉體，肉體只是自我用來達到目的的物質工具；「你」也不是指你的靈魂，靈魂只是自我用來思考、推理和設想的另一個工具。

它告訴我們潛意識的程式如何處於不停的運轉中，並啟發我們如何積極地去引導這一過程，而不僅僅只是這個過程的被動承受者。

它告訴我們在什麼條件下我們可以成為健康、和諧和富裕的繼承者。

它告訴我們構建未來賴以發展的基礎和模型。它教我們如何使它變得宏偉和美麗，並告訴我們不能因為物質條件而受到局限，除了自己沒有任何人能設置障礙。

它教給我們一個途徑，利用這個途徑我們只要虔誠不懈地努力就一定會得到和最初預想相同的結果。

它告訴我們為什麼一些表面上努力追求自己理想的人看起來卻是失敗的。

它告訴我們個人的性格、健康和經濟狀況是如何形成的，在如何取得合理的物質財富方面給我們提出了很好的建議。

它告訴我們如何做、何時做、做什麼等來保障未來發展的物質基礎是安全的。

它告訴我們處於貿易關係和社會地位的底層時獲得成功的基本原則、重要條件和永恒不變的規則。

它告訴我們克服所有困難的祕密。

它告訴我們人類要實現自己幸福和完善發展僅需要三個事物，指明了它們是什麼和我們如何獲得。

它表明大自然為人類提供了豐富的物質財富，解釋了為什麼一些資源好像是遠離人類的。它告訴我們個體與供給之間聯結的關鍵中樞。它還解釋了引力原則，讓你看到真實的自己。

它告訴我們為什麼生活中每一個經歷都是這個原則的結果。

它說明了引力原則是根本性的永恒不變的，沒有人可以逃出它的控制。

它教給我們一個方法，透過這個方法我們發現無窮大和無窮小，歸根究柢只不過是力量、運動、生命和意志。

它告訴我們很多假象和異常現象，這些現象誤導人們認為一些成就的取得是無需付出的。

它告訴我們先有付出才會有回報。如果我們不能提供金錢，那我們就要提供時間或方法。

它告訴我們如何製造一個有用的工具，透過這個工具我們可以使一些規則生效，這些規則又能為我們開啟通往大自然無窮資源的大門。

它告訴我們為什麼某種形式的思維常常會導致災難性的後果，並常常會使付出一生努力取得的成果付諸東流。它告訴我們現代的思考方式，啟發我們如何保護我們已取得的成果，如何調整目前的狀態以便迎合已經改變了的思維意識。

它告訴我們一切力量、智慧和才能的發祥地，並教會我們在處理日常事務時如何使它們協調發展。

它向我們揭示了微粒和細胞的本質，這是人類生命和健康賴以存在的基礎，它教給我們進行自身變革的方法和變革所帶來的必然結果。

它揭示了成長的規律，為何當我們只是牢牢地抓住已取得的成果不放時，更多的機會已經從我們身邊悄悄地溜走。各種困難、矛盾和障礙產生的原因，要麼是我們捨不得放棄已經沒有價值的東西，要麼是我們拒絕接受有用的事物。我們把自己束縛在破舊、陳腐的事物之上，而不去尋找發展所需要的鮮活的泉源。

它告訴我們精神對思維的重要性，決定語言的關鍵是什麼以及思考活動的載體是什麼。

它向我們描述了如何保證財產的安全，為什麼我們需要為自己每一個思想和行為負責任。

它揭示了財富的本質，如何創造財富和財富存在的基礎。成功的取得依靠崇高的理想而不僅僅是財產的累積。

它告訴我們不義之財是災難的開始。

它揭示了人類利用科學和高科技追求成功的奧祕。儘管人類有創造和諧和利用環境的能力，同樣也有創造不和諧和製造災難的能力。不幸的是，由於無視自然規律的存在，大多數人都在向後一個方向發展。

它向我們揭示了振動原理，為什麼最高原則總是決定了事物的存在環境、方位和事物接觸時的相互關係。

它告訴我們人的意志是一個磁鐵，它如何以一種不可抵擋的吸引力得到它所需要的。想要得到某一事物先要徹底地瞭解它。

它揭示了直覺發揮作用的機制和如何依靠直覺走向成功。

它揭示了真實力量和象徵力量之間的差別，為何當我們超越象徵性力量時它會成為一片灰燼。

它告訴我們創造力起源於什麼時候和它起源的方式。

它揭示了個人真正的財富資源。

它教給我們集中注意力的方法，表明為何專注是一個人能力的最傑出特點。

它揭示了任何事物最終都會歸結為一件事。由於它們都是可以轉化的，它們一定是相互聯繫的，而不是相互對立的。

它揭示了獲得基礎性知識是一種能力，懂得因果關係是一種能力，而財富則是能力的產物。只有當事件和環境影響到能力時才顯現出它們的重要性。最終，一切事物都以特定的形式並在特定的程度上反映了能力。

它告訴我們生命的真諦何在。

它揭示了金錢觀念和能力觀念，它們使貨幣實現了流通，產生了巨大的吸引力，並開啟了貿易的大門。

它告訴我們如何創造自己的金錢和磁場，如何培養爭取和利用機遇的能力。

它告訴我們自身的性格、所處的環境、能力、身體狀況產生的原因，並揭示了我們如何實現自己未來的理想。

它揭示了如何僅僅改變振動的頻率就可以改變大自然的全景。

它揭示了人體的振動頻率是如何不斷改變的，這種改變常常是無意識的，並伴隨著不利的災難性後果。它教給我們如何有意識地控制這一改變並把它引向和諧有利的方向。

它告訴我們如何培養足夠的能力來應付日常生活中出現的每一種情況。

它告訴我們抵制不利境況的能力取決於精神活動。

它揭示了偉大的思想擁有消除渺小思想的力量，因此持有一種偉大的思想足以對抗和消滅所有渺小的、不利的思想，這是很重要的。

它告訴我們處理重大事務時不會比處理小事情遇到的困難多。

它告訴我們如何使動力發揮作用，它將會產生不可抵擋的力量，使你得到你所需要的事物。

它揭示了所有狀況背後的本質，並教給我們如何改變自身的狀況。

它告訴我們如何克服所有困難，不論它是什麼或在哪裡，並揭示了做到這一點的唯一途徑。

它同樣也送給我們一把萬能鑰匙，那些擁有深刻理解力、辨別力、堅定的決斷力和堅強的奉獻意志的人能利用這把鑰匙開啟成功之門。

因此，或許現在你開始明白當時的人們為什麼甘願付出一千五百美元來獲得這本書的手抄本。

建議你在閱讀完本文之後，重新閱讀這本「萬能鑰匙：神奇的24堂課」，必將有更重大的全新體驗。

★本書告訴我們克服所有困難的祕密。

國家圖書館出版品預行編目資料

萬能鑰匙：世界最神奇的24堂課 / 查爾斯.哈奈爾(Charles Hannel)著；李津譯. -- 初版. -- 臺北市：華志文化, 2019.10
面； 公分. -- (全方位心理叢書；34)
譯自：The master key System
ISBN 978-986-97460-8-3(平裝)

1.成功法 2.思考

177.2　　　108014028

華志文化事業有限公司
系列／全方位心理叢書C034
書名／萬能鑰匙：世界最神奇的24堂課
(The Master Key System)

作者　查爾斯・哈奈爾(Charles・Haanel)
編譯　李津教授
執行編輯　楊雅婷
美術編輯　簡煜哲
封面設計　王志強
文字校對　陳欣欣
企劃執行　康敏才
總編輯　黃志中
社長　楊凱翔
出版者　華志文化事業有限公司
電子信箱　huachihbook@yahoo.com.tw
地址　116台北市文山區興隆路四段九十六巷三弄六號四樓
電話　0937075060

總經銷商　旭昇圖書有限公司
地址　235新北市中和區中山路二段三五二號二樓
電話　02-22451480
傳真　02-22451479
郵政劃撥　戶名：旭昇圖書有限公司（帳號：12935041）
出版日期　西元二〇一九年十月初版第一刷
售價　二八〇元

華志文化

華志文化